2ª edição revista e atualizada

Código de Trânsito: conceitos e anotações dos artigos 302 ao 312-B da Lei n. 9.503/1997
Sonia Mara Inglat Aciolli ◆ Odemyr Soraia Dill Pozo

Rua Clara Vendramin, 58 • Mossunguê
CEP 81200-170 • Curitiba • PR • Brasil
Fone: (41) 2106-4170
www.intersaberes.com
editora@intersaberes.com

conselho editorial •	Dr. Ivo José Both (presidente)
	Dr. Alexandre Coutinho Pagliarini
	Dr.ª Elena Godoy
	Dr. Neri dos Santos
	Dr. Ulf Gregor Baranow
editora-chefe •	Lindsay Azambuja
gerente editorial •	Ariadne Nunes Wenger
assistente editorial •	Daniela Viroli Pereira Pinto
preparação de originais •	Fabrícia E. de Souza
edição de texto •	Letra & Língua Ltda. - ME
	Monique Francis Fagundes Gonçalves
capa •	Débora Gipiela (*design*), Tonktiti/Shutterstock (imagens)
projeto gráfico •	Raphael Bernadelli
fotografias de abertura •	robbin lee/Shutterstock
diagramação •	Débora Gipiela
equipe de design •	Débora Gipiela
	Charles L. da Silva
iconografia •	Regina Claudia Cruz Prestes

Dado internacionais de Catalogação na Publicação (CIP)
(Câmara Brasileira do Livro, SP, Brasil)

✦ ✦ ✦

Aciolli, Sonia Mara Inglat
  Código de Trânsito: conceitos e anotações dos artigos 302 ao 312-B da Lei n. 9.503/1997/Sonia Inglat Aciolli, Odemyr Soraia Dill Pozo. 2. ed. Curitiba: InterSaberes, 2022.

  Bibliografia.
  ISBN 978-65-5517-350-5

  1. Trânsito – Leis e legislação de trânsito – Brasil I. Pozo, Odemyr Soraia Dill. II. Título.

21-84794   CDU-351.81(81)(094)

✦ ✦ ✦

Índices para catálogo sistemático:
1. Brasil: Leis: Trânsito: Direito administrativo 351.81(81)(094)
2. Leis: Trânsito: Brasil: Direito administrativo 351.81(81)(094)

Cibele Maria Dias – Bibliotecária – CRB-8/9427

1ª edição, 2020.
2ª edição revista e atualizada, 2022.

Foi feito o depósito legal.

Informamos que é de inteira responsabilidade das autoras a emissão de conceitos.

Nenhuma parte desta publicação poderá ser reproduzida por qualquer meio ou forma sem a prévia autorização da Editora InterSaberes.

A violação dos direitos autorais é crime estabelecido na Lei n. 9.610/1998 e punido pelo art. 184 do Código Penal.

Sumário

Apresentação, x

Como aproveitar ao máximo este livro, xiv

Introdução, xviii

capítulo um **Normas de trânsito, conceitos e legislação correlata, 26**

1.1 Conceitos iniciais, 28

1.2 História da legislação de trânsito no Brasil, 39

1.3 Normas que regem o trânsito no Brasil, 41

1.4 Elementos constitutivos da conduta (dolosa/culposa), 49

1.5 Diferença entre infração de trânsito/administrativa e crime de trânsito, 52

1.6 Transação penal nos crimes de trânsito, 53

1.7 Suspensão condicional do processo, 58

capítulo dois **Conceitos sobre crimes e multas previstos no CTB, 70**

2.1 Espécies de multas previstas no CTB, 72

2.2 Crimes de dano e de perigo no CTB, 77

2.3 Circunstâncias que agravam e aumentam as penas, 80

capítulo três   **Conceitos das penas previstas no CTB, 86**

- 3.1 Penas aplicáveis aos crimes de trânsito, 88
- 3.2 Circunstâncias agravantes, 98
- 3.3 Possibilidade de perdão judicial, 104
- 3.4 Prisão em flagrante, 105
- 3.5 Instituto da fiança, 106

capítulo quatro   **Conceitos de crimes dolosos, crimes culposos e crimes tentados previstos no CTB, 118**

- 4.1 Crimes dolosos, 120
- 4.2 Crimes culposos, 124
- 4.3 Qualificadoras nos crimes de trânsito, 127
- 4.4 Caso fortuito e força maior, 132

capítulo cinco   **Sanções previstas para crimes de trânsito, 136**

- 5.1 Sanções administrativas aplicadas pelo CTB, 138
- 5.2 Sanções penais aplicadas pelo CTB, 158
- 5.3 Crimes em espécie, 167
- 5.4 Omissão de socorro, 179
- 5.5 Afastamento do local do crime, 190
- 5.6 Cometer crime sob influência de substância psicoativa, 194
- 5.7 Violar a suspensão ou a proibição para obter PPD ou CNH, 200
- 5.8 Participar de racha, 207
- 5.9 Dirigir sem a devida habilitação, 208
- 5.10 Permitir que pessoa não habilitada dirija, 213

5.11 Trafegar acima da velocidade em locais expressamente proibidos por lei, 217

5.12 Inovar local de acidente para induzir a erro perito, 223

capítulo seis Alterações da Lei n. 13.281/2016 no CTB, 234

6.1 Cumprimento da pena em locais expressamente indicados por lei, 236

Considerações finais, 244

Glossário, 252

Referências, 263

Respostas, 267

Sobre as autoras, 276

Apresentação

Nosso objetivo nesta obra é oferecer,
de maneira inédita, aos leitores,
conhecedores ou não da legislação de trânsito,
uma visão panorâmica de todas as normas
aplicáveis ao segmento, proporcionando
uma leitura linear do tema e dispensando
a consulta a outras fontes diante de
indicativos de legislação complementar.

Por esse motivo, este livro conta com farta transcrição da legislação seca de diversos ordenamentos, como Código de Trânsito Brasileiro (CTB), leis que alteraram o CTB, dispositivos correlatos do Código Penal e do Código de Processo Penal, artigos de algumas resoluções do Conselho Nacional de Trânsito (Contran), entre outros, justamente com o intuito de facilitar a leitura e o entendimento do tema pelo leitor.

Tratamos, aqui, especificamente dos crimes de trânsito, conforme estabelecidos na Lei n. 9.503, de 23 de setembro de 1997, que instituiu o CTB, em seus artigos de 302 até 312-B. Esse último dispositivo (312-B) foi inserido pela Lei 14.071, de 13 de outubro de 2020, que passou a vigorar em 12 de abril de 2021.

Abordamos, nesta obra, os aspectos jurídicos dos crimes de trânsito em seis capítulos que versam sobre a aplicação da lei, as penalidades previstas, os danos (potencial e de perigo), os casos que envolvem crimes culposos e dolosos, o caso fortuito e a força maior, além de todos os crimes em espécie. Buscamos organizar tais temas segundo uma ordem cronológica e pedagógica, a fim de propiciar um melhor entendimento por parte do leitor.

✦ ✦ ✦

Como aproveitar ao máximo este livro

Empregamos nesta obra recursos que visam enriquecer seu aprendizado, facilitar a compreensão dos conteúdos e tornar a leitura mais dinâmica. Conheça a seguir cada uma dessas ferramentas e saiba como elas estão distribuídas no decorrer deste livro para bem aproveitá-las.

> Logo na abertura do capítulo, relacionamos os conteúdos que nele serão abordados.

Conteúdos do capítulo

- Dispositivos legais aplicados ao segmento do trânsito: Constituição Federal de 1988, leis federais com aplicação específica para os casos de crimes de trânsito e Código de Trânsito Brasileiro (CTB).
- História da legislação de trânsito no Brasil e sua evolução: normas que regem o trânsito, convenções sobre o trânsito viário, Acordo do Mercosul, protocolo de San Luis, Resoluções do Conselho Nacional de Trânsito (Contran), portarias e decretos.
- Elementos subjetivos da conduta criminosa: dolo e culpa.
- Diferença entre infração administrativa e crime de trânsito propriamente dito.
- Transação penal nos crimes de trânsito e possibilidade de suspensão condicional do processo.

> Antes de iniciarmos nossa abordagem, listamos as habilidades trabalhadas no capítulo e os conhecimentos que você assimilará no decorrer do texto.

Após o estudo deste capítulo, você será capaz de:

1. entender os conceitos gerais das normas de trânsito, a evolução da legislação nacional e internacional adotada pelo Brasil e a aplicação de leis subsidiárias para casos específicos.
2. distinguir infração administrativa de crime de trânsito.
3. analisar a possibilidade de aplicação da suspensão condicional do processo e os efeitos desse instituto.

Para saber mais

NUCCI, G. de S. **Manual de direito penal**. 16. ed. Rio de Janeiro: Forense, 2020.

Aprofunde o tema abordado neste capítulo por meio da leitura do Capítulo 3 da obra ora indicada.

OLIVEIRA, N. Trânsito: mais rigor para salvar vidas. **Portal do Senado Federal**, 6 jun. 2019. Disponível em: <https://www12.senado.leg.br/noticias/especiais/especial-cidadania/transito-mais-rigor-para-salvar-vidas>. Acesso em: 30 jul. 2020.

No link indicado, você poderá consultar informações estatísticas acerca das infrações mais cometidas nas estradas brasileiras e também o número de mortes decorrentes de acidentes de trânsito no Brasil.

Síntese

Apresentamos, neste primeiro capítulo, a gênese da legislação de trânsito brasileira. Revisitamos a história e a criação das normas que regem a circulação de pessoas, veículos e animais em território nacional.

Abordamos os conceitos e as normas expedidas pelos órgãos integrantes do Sistema Nacional de Trânsito e, assim, foi possível diferenciar as penalidades administrativas das condutas tipificadas como crimes.

Além disso, evidenciamos as consequências advindas do descumprimento das normas inseridas no CTB e na legislação correlata.

Por fim, em se tratando de crimes de trânsito, apresentamos a distinção entre condutas dolosas e culposas e analisamos a possibilidade, oferecida pela Lei n. 9.099/1995 (Lei dos Juizados Especiais), da suspensão condicional do processo mediante o preenchimento dos requisitos legais.

> *Sugerimos a leitura de diferentes conteúdos digitais e impressos para que você aprofunde sua aprendizagem e siga buscando conhecimento.*

> *Ao final de cada capítulo, relacionamos as principais informações nele abordadas a fim de que você avalie as conclusões a que chegou, confirmando-as ou redefinindo-as.*

Questões para revisão

1. O legislador estabeleceu sanções cíveis e penais na esfera de trânsito. As sanções cíveis são mais brandas e envolvem penalidades pecuniárias e restrição de direitos. Já as penalidades penais são aplicadas quando a conduta afeta a comunidade; essa tipificação deve ser expressa no ordenamento jurídico. O texto anterior é verdadeiro ou falso? Justifique sua resposta.

2. O legislador elencou, no art. 291 do CTB, os crimes cometidos na direção de veículos automotores. Cite exemplos de quatro crimes na condução de veículos.

3. Quanto à natureza jurídica dos crimes de trânsito, analise as assertivas a seguir.
   I. Crime de dano é quando ocorre uma alteração depreciativa do bem.
   II. Crime de perigo é quando algum bem é exposto a risco pela conduta do agente.
   III. Os crimes de dano estão previstos no CTB na modalidade dolosa.
   IV. Os crimes de perigo estão previstos no CTB na modalidade culposa.
   V. Os crimes de dano estão previstos no CTB na modalidade culposa, e os de perigo, na modalidade dolosa.

   Agora, marque a alternativa correta:
   a. As afirmações I, II e V estão incorretas.
   b. As afirmações III e IV estão corretas.
   c. As afirmações I, II e V estão corretas.
   d. As afirmações II e IV estão incorretas.
   e. As afirmações I e V estão incorretas.

> *Ao realizar estas atividades, você poderá rever os principais conceitos analisados. Ao final do livro, disponibilizamos as respostas às questões para a verificação de sua aprendizagem.*

Ao propor estas questões, pretendemos estimular sua reflexão crítica sobre temas que ampliam a discussão dos conteúdos tratados no capítulo, contemplando ideias e experiências que podem ser compartilhadas com seus pares.

Questões para reflexão

1. Na Constituição Federal de 1988 reside o fundamento de validade de todas as demais normas. Em quais artigos da Carta Maior podemos identificar a preocupação do legislador originário no tocante à circulação de pessoas, veículos e animais?

2. Quanto aos elementos subjetivos da conduta criminosa, dolo e culpa, qual é o mais grave na sua opinião?

Listamos e comentamos nesta seção os documentos legais que fundamentam a área de conhecimento, o campo profissional ou os temas tratados no capítulo para você consultar a legislação e se atualizar.

Consultando a legislação

Decreto-Lei que instituiu o Código Penal, atualizado:
BRASIL. Decreto-Lei n. 2.848, de 7 de dezembro de 1940. Código Penal. **Diário Oficial da União.** Poder Executivo, Brasília, DF, 31 dez. 1940. Disponível em: <http://www.planalto.gov.br/ccivil_03/decreto-lei/del2848compilado.htm>. Acesso em: 30 jul. 2020.

Lei n. 9.503/1997, que instituiu o Código de Trânsito Brasileiro (CTB):
BRASIL. Lei n. 9.503, de 23 de setembro de 1997. Código de Trânsito Brasileiro. **Diário Oficial da União.** Poder Legislativo, Brasília, DF, 24 set. 1997. Disponível em: <http://www.planalto.gov.br/ccivil_03/leis/l9503.htm>. Acesso em: 30 jul. 2020.

Lei que altera o CTB e a Lei n. 13.146/2018:
BRASIL. Lei n. 13.281, de 4 de maio de 2016. **Diário Oficial da União,** Poder Executivo, Brasília, DF, 5 maio 2016. Disponível em: <http://www.planalto.gov.br/ccivil_03/_Ato2015-2018/2016/Lei/L13281.htm#art1>. Acesso em: 30 jul. 2020.

Lei que dispõe sobre juizados especiais cíveis e criminais, atualizada:
BRASIL. Lei n. 9.099, de 26 de setembro de 1995. **Diário Oficial da União,** Poder Legislativo, Brasília, DF, 27 set. 1995. Disponível em: <http://www.planalto.gov.br/ccivil_03/LEIS/L9099.htm>. Acesso em: 30 jul. 2020.

Resoluções consolidadas publicadas pelo Conselho Nacional de Trânsito (Contran):
BRASIL. Ministério da Infraestrutura. Denatran. **Resoluções – Contran.** 29 jun. 2020. Disponível em: <https://antigo.infraestrutura.gov.br/resolucoes-contran.html>. Acesso em: 30 jul. 2020.

Introdução

Caros leitores, estudiosos do setor, professores, profissionais do trânsito e público em geral, com a finalidade de situá-los acerca da origem das normas mencionadas neste livro, é importante que algumas considerações preliminares sejam apresentadas.

A legislação é elaborada com base na observação das necessidades decorrentes das relações sociais e históricas para garantir a convivência harmônica, impondo os limites necessários ao campo de atuação de cada um dos componentes dessas relações.

A lei promulgada, ou seja, levada oficialmente ao conhecimento público, deve ser cumprida e, em caso de violação, a sociedade e o Estado agem em relação infrator no tocante ao ato lesivo.

Como regra, em Estados democráticos de direito, de regime presidencialista, como é o Brasil, a incumbência da elaboração das leis compete ao Poder Legislativo, por intermédio dos órgãos de representação do povo, que assim se distribuem: no âmbito federal, o Congresso Nacional; no âmbito estadual, as Assembleias Legislativas; e na esfera municipal, as Câmaras de Vereadores.

Excepcionalmente, atribui-se ao Poder Executivo o poder legiferante (de criação de leis). Antes da Constituição da República Federativa do Brasil de 1988, a função atípica do Poder Executivo ao legislar ocorria por intermédio do ato denominado *decreto-lei*, hoje, nos termos do art. 62 da Carta Magna, por meio de medida provisória (Brasil, 1988).

O Código de Processo Penal e o Código Penal foram instituídos por decretos-lei na década de 1940 e recepcionados pela Constituição de 1988. Os juizados especiais cíveis e criminais foram criados pela Lei n. 9.099, de 26 de setembro de 1995, aplicável no que couber também aos crimes de trânsito (Brasil, 1995). Ao longo desta obra, portanto, o Código de Processo Penal, o Código Penal e os juizados especiais criminais serão mencionados especificamente aos dispositivos concernentes aos crimes de trânsito.

No Brasil, há um alto índice de acidentes de trânsito com vítimas fatais, o que faz com que cresça o anseio da população por um rigor maior na punição dos causadores dos sinistros. Devemos lembrar que muitos indivíduos causam acidentes após a ingestão de bebidas alcoólicas ou ao excederem a velocidade permitida para o local.

A sensação de impunidade mancha nosso ordenamento, e o condutor infrator não se sente melindrado pela legislação vigente, eis que as penas para os casos que envolvem sinistros de veículos é relativamente branda. Na ânsia de aplicar uma pena mais severa, é preciso atentar ao devido processo legal e aos preceitos da Constituição, que, em seu art. 5º, estabelece os direitos e os deveres do cidadão, os quais devem ser rigorosamente respeitados para que não se relativizem normas essenciais ao Estado democrático de direito (Brasil, 1988).

Para atender a esse propósito, o CTB, em seus 341 artigos, tem sido implementado até hoje por meio das mais de 875 resoluções emitidas pelo Conselho Nacional de Trânsito (Contran), sem falar nas leis ordinárias, que inserem, alteram e suprimem alguns artigos do CTB. Até a data de edição deste livro, temos mais de 40 leis que alteraram nosso ordenamento vigente. É uma verdadeira colcha de retalhos que tem como objetivo abranger o maior número de situações possíveis que envolvam infratores de trânsito, justamente para reduzir o sentimento de impunidade ainda muito grande, como já mencionamos.

Nos últimos anos, a Lei n. 11.705, de 19 de junho de 2008, alterada pela Lei n. 12.760, de 20 de dezembro de 2012, foi uma das mais marcantes. Instituiu o fator multiplicador de dez vezes para o caso de motoristas flagrados dirigindo embriagados. Também regulamentou os critérios para considerar a alteração da capacidade psicomotora prevista no art. 306 do CTB (Brasil, 2008; 2012).

Na sequência, temos a Lei n. 13.281 de 4 de maio de 2016, a que mais alterou artigos do CTB vigente, com mudanças significativas na legislação, no reenquadramento das infrações, entre outras mudanças, por meio da inserção do artigo 312-A (Brasil, 2016).

Mais tarde, em 2018, o art. 326-A do CTB foi inserido pela Lei n. 13.614, de 11 de janeiro de 2018, e expressamente determina as atribuições dos integrantes do Sistema Nacional de Trânsito com relação à segurança, os quais devem voltar-se ao cumprimento de metas anuais para redução de índices de mortalidade por grupo de veículos e por grupo de habitantes (Brasil, 2018). Esses dados estatísticos abrangem as vias federais, estaduais e municipais.

Assim, foram definidas metas para ser apuradas nos próximos dez anos, com objetivos marcantes de redução de 50% dos dados levantados. Após a análise desses dados, são estabelecidas as margens de tolerância, que consideram as especificidades de cada região. São metas audaciosas, fixadas pelo Contran para cada estado, mediante proposta formulada pelos Conselhos Estaduais de Trânsito (Cetrans) e pelo Conselho Nacional de Trânsito do Distrito Federal (Contrandife), além do Departamento da Polícia Rodoviária Federal.

A Semana Nacional de Trânsito, que acontece no mês de setembro de cada ano, serve como marco de divulgação das referidas metas fixadas. Relatórios relativos ao desempenho de cada unidade para a redução também são divulgados para que possam ser analisados pela comunidade e para que, conforme o desempenho, sejam aplicadas novas técnicas para ações, projetos ou soluções, a fim de chegar o mais próximo possível das metas ideais. O Departamento Nacional de Trânsito (Denatran), o órgão máximo executivo de trânsito da União, é o responsável por analisar e repassar esses dados.

O Projeto de Lei n. 3.267/2019, convertido em Lei n. 14.071/2020, alterou significativamente aspectos nucleares do trânsito, como, por exemplo, as infrações de trânsito e as penalidades, bem como sobre a pontuação atribuída ao infrator. Além disso, altera a composição do Conselho Nacional de Trânsito (Contran) modificando competências da Polícia Rodoviária Federal, dos órgãos executivos rodoviários e dos órgãos executivos de trânsito; dispõe sobre a utilização de luz baixa durante o dia; estabelece regras para a circulação de motos entre veículos de faixas adjacentes; e torna equipamento obrigatório dos veículos novos as luzes de rodagem diurna. A Lei n. 14.071/2020 permite a expedição dos documentos dos veículos e das carteiras de habilitação em meio físico ou digital, à escolha do proprietário; assim como dispõe sobre a inclusão de informações sobre o atendimento de *recall* no documento do veículo; fixa a periodicidade de 3 a 10 anos, de acordo com a idade do condutor, para a renovação dos exames de aptidão física e mental necessários para a habilitação para dirigir; dispõe sobre a realização de exame toxicológico; e, ainda, cria o Registro Nacional Positivo de Condutores. No que tange aos crimes de trânsito, em especial, a inclusão do art. 312-B que determina que aos crimes previstos no § 3º do art. 302 e no § 2º do art. 303 deste Código não se aplicam o disposto no inciso I do *caput* do art. 44 do Código Penal, ou seja, desde abril de 2021 não mais é possível a substituição da pena privativa de liberdade por penas restritivas de direitos aos crimes nos quais o agente conduz veículo automotor sob a influência de álcool ou de qualquer outra substância psicoativa que determine dependência; e, se do crime resultar lesão corporal de natureza grave ou gravíssima.

O que fazer? O que está errado? Qual a medida mais eficaz? Prevenção ou repressão? Nesta obra, vamos falar sobre crimes de trânsito, suas classificações, suas consequências. Quem sabe, de alguma forma, possamos dar nossa contribuição para um trânsito menos violento, mais justo!

Por fim, este livro é destinado para todos aqueles que pretendem contribuir com melhorias para o trânsito – mestres, professores, usuários, profissionais da área. Na medida em que adquirimos conhecimento, podemos incorporá-lo a nossas vidas e, assim, promover mudanças de comportamento individual.

Certamente, alcançaremos o mundo ideal nesse segmento; países europeus reverteram índices terríveis de mortes, temos certeza de que o Brasil também alcançará essa meta.

Nosso lema é: no trânsito, respeite para ser respeitado!

✦ ✦ ✦

capítulo um

Normas de trânsito, conceitos e legislação correlata

Conteúdos do capítulo

- Dispositivos legais aplicados ao segmento do trânsito: Constituição Federal de 1988, leis federais com aplicação específica para os casos de crimes de trânsito e Código de Trânsito Brasileiro (CTB).
- História da legislação de trânsito no Brasil e sua evolução: normas que regem o trânsito, convenções sobre o trânsito viário, Acordo do Mercosul, protocolo de San Luis, Resoluções do Conselho Nacional de Trânsito (Contran), portarias e decretos.
- Elementos subjetivos da conduta criminosa: dolo e culpa.
- Diferença entre infração administrativa e crime de trânsito propriamente dito.
- Transação penal nos crimes de trânsito e possibilidade de suspensão condicional do processo.

Após o estudo deste capítulo, você será capaz de:

1. entender os conceitos gerais das normas de trânsito, a evolução da legislação nacional e internacional adotada pelo Brasil e a aplicação de leis subsidiárias para casos específicos.
2. distinguir infração administrativa de crime de trânsito.
3. analisar a possibilidade de aplicação da suspensão condicional do processo e os efeitos desse instituto.

1.1 Conceitos iniciais

O convívio em sociedade só foi aprimorado com o surgimento do direito positivo, que nada mais é do que a imposição, pelo Estado, de normas e regras de condutas as quais todos os integrantes da sociedade devem respeitar.

Esse conjunto de normas e regras abrange não só a conduta individual, mas também a coletiva, pois qualquer transgressão que ofenda ou descumpra uma dessas normas vai receber a reprimenda do Estado, o que pode ocorrer no âmbito civil ou no penal.

As sanções cíveis na esfera de trânsito, em tese, são mais brandas, pois normalmente preveem penalidades de cunho pecuniário, como pagamento de multas, suspensão do direito de dirigir, entre outras.

No entanto, quando as atitudes dos infratores afetam a comunidade, o legislador agrava e tipifica criminalmente essa conduta, determinando quais punições serão aplicadas em caso de descumprimento. Essa tipificação é expressa e prévia, ou seja, ninguém poderá ser surpreendido com uma regra sem que a lei anteriormente não a tenha previsto.

A Constituição Federal de 1988, conhecida como *Constituição Cidadã*, em seu art. 5º, que trata dos direitos e das garantias constitucionais, consigna expressamente, no inciso XXXIX, que não há crime sem previsão em lei. Vejamos a redação do dispositivo:

> Art. 5º Todos são iguais perante a lei, sem distinção de qualquer natureza, garantindo-se aos brasileiros e aos estrangeiros residentes no País a inviolabilidade do direito à vida, à liberdade, à igualdade, à segurança e à propriedade, nos termos seguintes:
>
> [...]
>
> XXXIX – não há crime sem lei anterior que o defina, nem pena sem prévia cominação legal; [...] (Brasil, 1988)

No âmbito da regulamentação do trânsito, a Lei n. 9.503, de 23 de setembro de 1997, instituiu o Código de Trânsito Brasileiro (CTB), com determinações legais específicas para essa área. O legislador destinou um capítulo inteiro do CTB para tratar dos crimes de trânsito. Eles estão elencados no Capítulo XIX, dividido em duas seções. A primeira parte fala das disposições gerais, e a segunda trata especificamente dos crimes de trânsito.

Nessa norma, quanto à natureza jurídica, os crimes de trânsito são classificados como *crimes de dano* ou *crimes de perigo*. Preliminarmente, cumpre esclarecer que se verifica **crime de dano** quando ocorre uma alteração depreciativa no bem, com a consequente redução de seu valor ou até sua destruição; e **crime de perigo** acontece quando um bem é exposto a risco, no caso, pela conduta de um agente.

Nessas hipóteses, aplicam-se as normas gerais do Código Penal (Decreto-Lei n. 2.848, de 7 de dezembro de 1940) e do Código de Processo Penal (Decreto-Lei n. 3.689, de 3 de outubro de 1941), em consonância com o CTB. Neste, os crimes de dano estão previstos nos arts. 302 e 303, na modalidade culposa, e os crimes de perigo estão previstos nos arts. 304 a 312, na modalidade dolosa, podendo ser de perigo concreto ou de perigo abstrato.

Destinaremos um tópico para tratar especificamente sobre os crimes de perigo concreto ou de perigo abstrato. No momento, é importante conhecer essa classificação para contextualizar a leitura e o entendimento posterior.

Ainda quanto aos crimes de trânsito, é possível aplicar a Lei n. 9.099, de 26 de setembro de 1995 (Lei dos Juizados Especiais), porém apenas nos casos em que os requisitos exigidos sejam preenchidos. Para exemplificar, podemos citar os crimes de lesão corporal culposa, pois, conforme os arts. 74, 76 e 88 da referida lei, esse delito atrai a competência dos juizados especiais criminais, **salvo** se o agente cometer o referido crime nas condições expressas no art. 291 do CTB.

O art. 291 do CTB determina que, aos crimes cometidos na direção dos veículos automotores, serão aplicadas as normas gerais previstas no ordenamento penal, seguindo os trâmites processuais do Código de Processo Penal. A exceção fica a cargo dos crimes previstos nos incisos I, II e II do parágrafo 1º do art. 291 do CTB, a saber:

> § 1º Aplica-se aos crimes de trânsito de lesão corporal culposa o disposto nos arts. 74, 76 e 88 da Lei nº 9.099, de 26 de setembro de 1995, exceto se o agente estiver: (Renumerado do parágrafo único pela Lei nº 11.705, de 2008)
> I – sob a influência de álcool ou qualquer outra substância psicoativa que determine dependência; (Incluído pela Lei nº 11.705, de 2008)
> II – participando, em via pública, de corrida, disputa ou competição automobilística, de exibição ou demonstração de perícia em manobra de veículo automotor, não autorizada pela autoridade competente; (Incluído pela Lei nº 11.705, de 2008)
> III – transitando em velocidade superior à máxima permitida para a via em 50 km/h (cinquenta quilômetros por hora). (Incluído pela Lei nº 11.705, de 2008) (Brasil, 1997)

Se o crime envolver uma das hipóteses descritas anteriormente, será instaurado um inquérito policial e, nesse caso, o juiz fixará a pena-base conforme determina o Código Penal, levando em consideração a culpabilidade do agente e as circunstâncias em que aconteceu o crime.

Para contextualizar, esclarecemos que o art. 74 da Lei n. 9.099/1995 trata da possibilidade de composição dos danos civis sofridos. O art. 76 da mesma lei refere-se à possibilidade de proposição, pelo Ministério Público, de aplicação de pena restritiva de direitos ou multa. Já o art. 88 determina que ações penais relacionadas às lesões corporais de categoria leve, bem como as culposas, dependem da representação da vítima para ser apuradas pela autoridade. A seguir, vejamos esses dispositivos conforme a letra da lei:

> Art. 74. A composição dos danos civis será reduzida a escrito e, homologada pelo Juiz mediante sentença irrecorrível, terá eficácia de título a ser executado no juízo civil competente.
>
> Parágrafo único. Tratando-se de ação penal de iniciativa privada ou de ação penal pública condicionada à representação, o acordo homologado acarreta a renúncia ao direito de queixa ou representação.
>
> [...]
>
> Art. 76. Havendo representação ou tratando-se de crime de ação penal pública incondicionada, não sendo caso de arquivamento, o Ministério Público poderá propor a aplicação imediata de pena restritiva de direitos ou multas, a ser especificada na proposta.
>
> § 1º Nas hipóteses de ser a pena de multa a única aplicável, o Juiz poderá reduzi-la até a metade.
>
> § 2º Não se admitirá a proposta se ficar comprovado:
>
> I – ter sido o autor da infração condenado, pela prática de crime, à pena privativa de liberdade, por sentença definitiva;
>
> II – ter sido o agente beneficiado anteriormente, no prazo de cinco anos, pela aplicação de pena restritiva ou multa, nos termos deste artigo;
>
> III – não indicarem os antecedentes, a conduta social e a personalidade do agente, bem como os motivos e as circunstâncias, ser necessária e suficiente a adoção da medida.
>
> § 3º Aceita a proposta pelo autor da infração e seu defensor, será submetida à apreciação do Juiz.

> § 4º Acolhendo a proposta do Ministério Público aceita pelo autor da infração, o Juiz aplicará a pena restritiva de direitos ou multa, que não importará em reincidência, sendo registrada apenas para impedir novamente o mesmo benefício no prazo de cinco anos.
>
> § 5º Da sentença prevista no parágrafo anterior caberá a apelação referida no art. 82 desta Lei.
>
> § 6º A imposição da sanção de que trata o § 4º deste artigo não constará de certidão de antecedentes criminais, salvo para os fins previstos no mesmo dispositivo, e não terá efeitos civis, cabendo aos interessados propor ação cabível no juízo cível.
>
> [...]
>
> Art. 88. Além das hipóteses do Código Penal e da legislação especial, dependerá de representação a ação penal relativa aos crimes de lesões corporais leves e lesões culposas. (Brasil, 1995)

O legislador, no art. 291 do CTB, abordou os crimes cometidos na direção de veículos automotores, no entanto existem vários crimes que não são cometidos necessariamente na direção. Podemos citar:

1. omissão de socorro (art. 304 do CTB);
2. afastamento do local do acidente (art. 305 do CTB);
3. violação da entrega da permissão para dirigir ou da carteira nacional de habilitação (CNH) (art. 307 do CTB);
4. entrega da direção de veículo automotor à pessoa não habilitada (art. 310 do CTB);
5. inovação artificiosa (art. 312 do CTB), ou seja, no caso de acidente com vítima, realizar modificação de coisa, lugar ou pessoa para induzir as autoridades competentes ao erro.

Agora, vejamos o que dispõe o art. 291 do CTB:

Art. 291. Aos crimes cometidos na direção de veículos automotores, previstos neste Código, aplicam-se as normas gerais do Código Penal e do Código de Processo Penal, se este Capítulo não dispuser de modo diverso, bem como a Lei nº 9.099, de 26 de setembro de 1995, no que couber.

§ 1º Aplica-se aos crimes de trânsito de lesão corporal culposa o disposto nos arts. 74, 76 e 88 da Lei nº 9.099, de 26 de setembro de 1995, exceto se o agente estiver: (Renumerado do parágrafo único pela Lei nº 11.705, de 2008)

I – sob a influência de álcool ou qualquer outra substância psicoativa que determine dependência; (Incluído pela Lei nº 11.705, de 2008)

II – participando, em via pública, de corrida, disputa ou competição automobilística, de exibição ou demonstração de perícia em manobra de veículo automotor, não autorizada pela autoridade competente; (Incluído pela Lei nº 11.705, de 2008)

III – transitando em velocidade superior à máxima permitida para a via em 50 km/h (cinquenta quilômetros por hora). (Incluído pela Lei nº 11.705, de 2008)

§ 2º Nas hipóteses previstas no § 1º deste artigo, deverá ser instaurado inquérito policial para a investigação da infração penal. (Incluído pela Lei nº 11.705, de 2008)

§ 3º (VETADO). (Incluído pela Lei nº 13.546, de 2017)

§ 4º O juiz fixará a pena-base segundo as diretrizes previstas no art. 59 do Decreto-Lei nº 2.848, de 7 de dezembro de 1940 (Código Penal), dando especial atenção à culpabilidade do agente e às circunstâncias e consequências do crime. (Incluído pela Lei nº 13.546, de 2017).

(Brasil, 1997)

O legislador foi pontual na determinação dos crimes cometidos na direção de veículos automotores, conforme art. 291, *caput*, do CTB, no entanto não há de se falar em impunidade se o sujeito ativo do crime se utiliza de outro tipo de veículo que não seja automotor.

Vamos citar o exemplo de um atropelamento causado por um ciclista ou um agente que está se deslocando por intermédio de um semovente. Nesse caso, será aplicado o Código Penal, e não o CTB. Logo, o agente causador do dano responderá criminalmente pelos seus atos, apenas por um diploma legal diferente.

Se seguirmos a previsão legal do art. 291, *caput*, em seu parágrafo 1º, deveremos destacar o princípio da especialidade, pois, existindo uma lei especial aplicável ao caso, derroga-se a lei geral. Portanto, nesse caso, deverá ser aplicado inicialmente o CTB, posteriormente a Lei n. 9.099/1995, bem como seus princípios de celeridade e economia processual. Não sendo preenchidos os requisitos mínimos legais, passa-se, então, à incidência do Código Penal e do Código de Processo Penal.

No próximo tópico, vamos falar especificamente sobre a aplicação da Lei n. 9.099/1995 (Lei dos Juizados Especiais), mas desde já destacamos que, dos 11 crimes previstos no CTB, a maioria tem previsão de pena de, no máximo, dois anos, portanto enquadram-se nos crimes de menor potencial ofensivo, os quais podem receber tratamento diferenciado por meio da referida lei.

Novamente, citamos o art. 291 do CTB, e seus incisos I, II, III, que informam as exceções para a aplicação da Lei dos Juizados Especiais, a saber:

> Art. 291. Aos crimes cometidos na direção de veículos automotores, previstos neste Código, aplicam-se as normas gerais do Código Penal e do Código de Processo Penal, se este Capítulo não dispuser de modo diverso, bem como a Lei nº 9.099, de 26 de setembro de 1995, no que couber.

> [...]
> I – sob a influência de álcool ou qualquer outra substância psicoativa que determine dependência; (Incluído pela Lei nº 11.705, de 2008)
> II – participando, em via pública, de corrida, disputa ou competição automobilística, de exibição ou demonstração de perícia em manobra de veículo automotor, não autorizada pela autoridade competente; (Incluído pela Lei nº 11.705, de 2008)
> III – transitando em velocidade superior à máxima permitida para a via em 50 km/h (cinquenta quilômetros por hora). (Incluído pela Lei nº 11.705, de 2008)
> [...] (Brasil, 1997)

Os benefícios da Lei n. 9.099/1995 não se estendem ao agente infrator quando do cometimento do crime sob a influência de álcool ou de qualquer outra substância psicoativa que determine dependência, devendo ser devidamente comprovado tal fato por qualquer tipo de prova em direito admitida, inclusive prova testemunhal. Lembramos que o Estado, personificado na figura do agente de trânsito, tem fé pública e pode atestar a embriaguez mesmo que o acusado se negue a realizar teste de comprovação. A Resolução n. 432, de 23 de janeiro de 2013, do Conselho Nacional de Trânsito (Contran), em seu art. 5º, inciso II, trata especificamente sobre isso. Vejamos:

> Art. 5º. Os sinais de alteração da capacidade psicomotora poderão ser verificados por:
> [...]
> II – constatação, pelo agente da Autoridade de Trânsito, dos sinais de alteração da capacidade psicomotora nos termos do Anexo II.

> § 1º Para confirmação da alteração da capacidade psicomotora pelo agente da Autoridade de Trânsito, deverá ser considerado não somente um sinal, mas um conjunto de sinais que comprovem a situação do condutor.
>
> § 2º Os sinais de alteração da capacidade psicomotora de que trata o inciso II deverão ser descritos no auto de infração ou em termo específico que contenha as informações mínimas indicadas no Anexo II, o qual deverá acompanhar o auto de infração. (Contran, 2013)

Da mesma forma, não será prestigiado pela Lei n. 9.099/1995 o condutor que estiver participando de corrida, disputa ou competição automobilística em via pública, ou exibição de manobra ou demonstração em veículo automotor, conforme previsão legal do art. 291, inciso II, do CTB:

> II – participando, em via pública, de corrida, disputa ou competição automobilística, de exibição ou demonstração de perícia em manobra de veículo automotor, não autorizada pela autoridade competente; (Incluído pela Lei nº 11.705, de 2008) (Brasil, 1997)

A conduta descrita nesse dispositivo impede a possibilidade de composição civil, assim como a transação penal.

Também não receberá o benefício da transação penal ou a possibilidade de composição civil o condutor que transitar acima de 50 km/h superior à velocidade permitida para a via. Nesse caso, devemos ter atenção para não confundir com a penalidade do art. 218 do CTB, que trata de infração administrativa de excesso de velocidade; no caso do art. 291, inciso III, estamos falando de crime de trânsito. Vejamos:

> III – transitando em velocidade superior à máxima permitida para a via em 50 km/h (cinquenta quilômetros por hora). (Incluído pela Lei nº 11.705, de 2008) (Brasil, 1997)

Para exemplificar, citamos o caso de um atropelamento no qual a velocidade periciada foi de 98 km/h, mas a velocidade permitida para o local era de 40 km/h. Nesse caso, aplica-se o inciso III do art. 291 do CTB, e não os benefícios da Lei n. 9.099/1995.

Quando for aplicada qualquer forma de agravamento na penalidade, não há de se falar nas benesses da Lei n. 9.099/1995, devendo seguir o trâmite processual normal. Como exemplo, podemos citar o caso de lesão corporal culposa, prevista no art. 303, parágrafo 1º, do CTB, que afasta a incidência da norma que classifica como crime de menor potencial ofensivo, aplicando-se o dispositivo apenas para o *caput* do art. 303 do CTB, a saber:

> Art. 303. Praticar lesão corporal culposa na direção de veículo automotor:
>
> Penas – detenção, de seis meses a dois anos e suspensão ou proibição de se obter a permissão ou a habilitação para dirigir veículo automotor.
>
> § 1º Aumenta-se a pena de 1/3 (um terço) à metade, se ocorrer qualquer das hipóteses do § 1º do art. 302. (Renumerado do parágrafo único pela Lei nº 13.546, de 2017) (Brasil, 1997)

Os casos de aumento de pena referidos no parágrafo 1º do art. 303 do CTB relacionam-se aos crimes cometidos por quem não tem permissão para dirigir ou carteira de habilitação; para quem o pratica na faixa de pedestres ou na calçada; para quem deixou de prestar socorro quando possível fazê-lo sem risco pessoal à vítima do acidente e para os que cometeram crimes no exercício de sua profissão ou atividade ou estiver conduzindo veículo de transporte de passageiros. Essas especificidades foram incluídas pela Lei n. 12.971, de 9 de maio de 2014 (Brasil, 2014), no art. 302 do CTB:

> Art. 302. Praticar homicídio culposo na direção de veículo automotor:
>
> Penas – detenção, de dois a quatro anos, e suspensão ou proibição de se obter a permissão ou a habilitação para dirigir veículo automotor.
>
> § 1º No homicídio culposo cometido na direção de veículo automotor, a pena é aumentada de 1/3 (um terço) à metade, se o agente: (Incluído pela Lei nº 12.971, de 2014)
>
> I – não possuir Permissão para Dirigir ou Carteira de Habilitação; (Incluído pela Lei nº 12.971, de 2014)
>
> II – praticá-lo em faixa de pedestres ou na calçada; (Incluído pela Lei nº 12.971, de 2014)
>
> III – deixar de prestar socorro, quando possível fazê-lo sem risco pessoal, à vítima do acidente; (Incluído pela Lei nº 12.971, de 2014)
>
> IV – no exercício de sua profissão ou atividade, estiver conduzindo veículo de transporte de passageiros. (Incluído pela Lei nº 12.971, de 2014)
>
> § 2º (Revogado pela Lei nº 13.281, de 2016)
>
> § 3º Se o agente conduz veículo automotor sob a influência de álcool ou de qualquer outra substância psicoativa que determine dependência: (Incluído pela Lei nº 13.546, de 2017)
>
> Penas – reclusão, de cinco a oito anos, e suspensão ou proibição do direito de se obter a permissão ou a habilitação para dirigir veículo automotor. (Incluído pela Lei nº 13.546, de 2017) (Brasil, 1997)

1.2 História da legislação de trânsito no Brasil

A legislação de trânsito no Brasil começou na época imperial, com o Decreto n. 720-A, de 24 de outubro de 1850, que concedia ao Sr. Honório Francisco Caldas a possibilidade de estabelecer, pelo prazo de 20 anos, uma companhia de ônibus que faria a ligação da capital do Império com a Vila Iguassú, no Rio de Janeiro.

No ano de 1852, o Decreto n. 1.031, de 7 de agosto, permitiu ao Sr. Mariano Procópio Ferreira Lage que incorporasse a companhia União e Indústria por 50 anos, com o objetivo de construir, melhorar e conservar duas linhas de estrada. Fariam a ligação entre a barra do Rio da Velha, passando pela cidade de Barbacena, e uma ligação entre as cidades de São João del-Rei e Ouro Preto.

Em 1910, por meio do Decreto n. 8.324, de 27 de outubro, foi aprovado o regulamento para o serviço subvencionado de transporte por automóveis.

Em 11 de janeiro de 1922, com o Decreto n. 4.460, foi instituída a autorização para concessão e subvenção ao Distrito Federal e aos estados que construíssem e conservassem estradas de rodagens. Esse decreto proibiu a circulação dos carros de boi e também tratou da carga máxima dos veículos.

Em 5 de janeiro de 1927, o Decreto n. 5.141 instituiu o primeiro imposto federal sobre combustíveis e veículos, com o objetivo de construir e conservar as estradas de rodagens federais.

No ano seguinte, em 1928, por meio do Decreto n. 18.323, de 24 de julho, foram aprovados o regulamento para circulação internacional de automóveis em território brasileiro e o sistema de sinalização e segurança do trânsito, além da polícia nas estradas de rodagem. Foi a primeira legislação que tratou o assunto *trânsito* de forma mais abrangente. O decreto tinha 93 artigos e 5 anexos, considerado por muitos estudiosos como o primeiro Código de Trânsito do Brasil, apesar de não ter essa designação.

Oficialmente, em 1941, com o Decreto-Lei n. 2.994, de 28 de janeiro, foi instituído o primeiro Código Nacional de Trânsito (CNT). Apresentava 143 artigos, tinha uma redação específica para o segmento e estabeleceu terminologias para a interpretação do código. Entre as principais inovações desse documento, podemos destacar (Brasil, 1941a):

1. criação do Contran e dos conselhos regionais de trânsito;
2. criação da carteira de motorista, com a atribuição da responsabilidade pela emissão às repartições estaduais de trânsito;
3. criação de placas de experiência para depósitos ou estabelecimentos que comercializassem automóveis;
4. definição das infrações do proprietário, dos condutores, das garagens, das empresas e das oficinas.

Devemos enfatizar a curta vigência desse decreto; foi revogado apenas oito meses após sua edição pelo Decreto-Lei n. 3.651, de 25 de setembro de 1941. Este atribuía a competência para os estados na regulamentação do trânsito de veículos, os quais deveriam, no entanto, adaptar-se à legislação nacional.

O Estado do Paraná contribuiu sobremaneira para a legislação de trânsito. Eis que, em 1958, no município de Quitandinha (PR), foi realizado o II Congresso Nacional de Trânsito, no qual surgiu o primeiro anteprojeto de um novo código de trânsito, que foi entregue ao ministro da Justiça no mesmo ano.

Em 1º de setembro de 1966, foi sancionado o Projeto de Lei n. 5.108, denominado *Código Nacional de Trânsito*, com 131 artigos. Em 16 de janeiro de 1968, foi aprovado pelo Decreto n. 62.127, o Regulamento do Código Nacional de Trânsito (RCNT), composto por 264 artigos e 8 anexos.

Nesse contexto, destacamos o Decreto n. 62.926, de 28 de junho de 1968, pois modificou a organização centralizada do trânsito no Estado, alterando os arts. 36 e 37 do RCNT, de modo a estabelecer a competência municipal para implantar sinalização das vias sob sua jurisdição, bem como para licenciar veículos. A competência do licenciamento perdurou até 1986, quando o RCNT foi alterado novamente, agora pelo Decreto n. 92.722, que determinava a competência aos estados, ao Distrito Federal e aos territórios para registrar, vistoriar, emplacar e licenciar veículos.

Por fim, em 23 de setembro de 1997, foi instituído, pela Lei n. 9.503, o Código Brasileiro de Trânsito (CTB), com 341 artigos. Desde então, inúmeras alterações foram implementadas, e vamos falar sobre as principais nos próximos capítulos.

1.3 Normas que regem o trânsito no Brasil

Neste tópico, apresentaremos as principais normas que regem o trânsito no Brasil. Iniciaremos com a Carta Magna de 1988 e seguiremos com leis federais, acordos e tratados internacionais, estes recepcionados pelo CTB de 1997.

Constituição Federal de 1988

Promulgada pelo Congresso Nacional em 1988, estabelece os princípios fundamentais, os direitos e as garantias individuais e a organização do Estado.

O art. 22, inciso XI, da Constituição determina, de forma privativa para a União, a competência para legislar sobre trânsito e transporte. É importante destacar que esse dispositivo não afasta a competência complementar dos estados, do Distrito Federal e dos municípios para estabelecer e implantar política de educação para a segurança do trânsito, conforme determina a própria Constituição em seu art. 23, inciso XII.

Já no art. 144, a segurança pública é contemplada como dever do Estado e um direito e responsabilidade de todos, a qual deve ser exercida para a preservação da ordem pública e da incolumidade das pessoas e do patrimônio, compreendendo que a educação, a engenharia e a fiscalização de trânsito, além de outras atividades previstas em lei, devem assegurar ao cidadão o direito à mobilidade urbana eficiente. Essa competência é atribuída no âmbito dos estados, do Distrito Federal e dos municípios, aos respectivos órgãos ou entidades executivos e seus agentes de trânsito, estruturados em carreira, na forma da lei.

Lei n. 9.503/1997 – Código de Trânsito Brasileiro (CTB)

Instituído pela Lei n. 9.503, em 23 de setembro de 1997, o CTB entrou em vigor em 22 de janeiro de 1998, depois de findo o prazo de 120 dias após a publicação, conforme legislação vigente. Sofreu alteração no mesmo dia em que entrou em vigor pela Lei n. 9.602/1998.

Aliás, as alterações no CTB são constantes, e as resoluções do Contran (que serão detalhadas em capítulo específico) normatizam os artigos do CTB desde a sua vigência.

Embora o atual CTB constitua um grande avanço em termos de legislação de trânsito, temos o desafio de integrar esse sistema e fazer com que ele possa operar de forma contínua e uniforme em todos os 27 entes federativos (26 estados e o Distrito Federal) e nos 5.570 municípios brasileiros, sempre visando à segurança, à fluidez, à mobilidade e à acessibilidade urbana e rural, devendo integrar o meio ambiente e a educação para o trânsito.

Convenção sobre Trânsito Viário

Firmada na Áustria, em Viena, em 8 de novembro de 1968, o Brasil é signatário dessa convenção, que tem como princípio facilitar o trânsito viário internacional com a uniformização de procedimentos de segurança.

É uma legislação anterior ao CTB atual, todavia, por se tratar de um ato internacional de que o Brasil é signatário, continuam em vigor as matérias que não são conflitantes. Na prática, não há muitos conflitos, pois, no CTB atual, o país absorveu inúmeras normas da Convenção de Viena em sua essência.

Acordo do Mercosul

No dia 26 de março de 1991, foi assinado o Tratado de Assunção entre Brasil, Argentina, Paraguai e Uruguai. Esse tratado foi responsável pela instituição do bloco econômico conhecido como *Mercosul*. Em 2012, a Venezuela foi integrada ao bloco no caráter de membro efetivo.

Como membros associados e os respectivos anos de adesão, temos: Bolívia (1996), Chile (1996), Peru (2003), Colômbia (2004), Equador (2004), Guiana (2013) e Suriname (2013); como membros observadores: México (2006) e Nova Zelândia (2010).

O objetivo da criação do bloco, além da questão econômica, é a uniformização e a regulamentação de normas nos países signatários. O acordo unifica vários procedimentos para o trânsito, inclusive sobre a reciprocidade de reconhecimento dos documentos originais de habilitação dos condutores advindos de outros países, entre outros procedimentos.

É importante destacar que o condutor está obrigado a cumprir as leis e os regulamentos vigentes no país em que se encontra.

Lei n. 9.099/1995

É a Lei dos Juizados Especiais Cíveis e Criminais no âmbito da Justiça Estadual. A Lei n. 11.313/2006 alterou os arts. 60 e 62 da referida lei.

A regulamentação da Lei n. 9.099/1995 decorre da determinação expressa contida no art. 98, inciso I, da Constituição Federal de 1988:

> Art. 98. A União, no Distrito Federal e nos Territórios, e os Estados criarão:

> I – juizados especiais, providos por juízes togados, ou togados e leigos, competentes para a conciliação, o julgamento e a execução de causas cíveis de menor complexidade e infrações penais de menor potencial ofensivo, mediante os procedimentos oral e sumaríssimo, permitidos, nas hipóteses previstas em lei, a transação e o julgamento de recursos por turmas de juízes de primeiro grau; [...] (Brasil, 1988)

Aplica-se a Lei do Juizado Especial Criminal Estadual (Jecrim) aos crimes de trânsito cuja pena privativa de liberdade não seja superior a dois anos, desde que sejam respeitadas as normas de conexão e continência, conforme art. 60 da Lei n. 9.099/1995:

> Art. 60. O Juizado Especial Criminal, provido por juízes togados ou togados e leigos, tem competência para a conciliação, o julgamento e a execução das infrações penais de menor potencial ofensivo, respeitadas as regras de conexão e continência. (Redação dada pela Lei nº 11.313, de 2006)
>
> Parágrafo único. Na reunião de processos, perante o juízo comum ou o tribunal do júri, decorrentes da aplicação das regras de conexão e continência, observar-se-ão os institutos da transação penal e da composição dos danos civis. (Incluído pela Lei nº 11.313, de 2006) (Brasil, 1995)

Como a Lei n. 9.099/1995 tem natureza processual, haverá aplicação subsidiária e suplementar do Código de Processo Civil, Lei n. 13.105, de 16 de março de 2015, nos termos de seu 1.046, parágrafo 2º:

> Art. 1.046. Ao entrar em vigor este Código, suas disposições se aplicarão desde logo aos processos pendentes, ficando revogada a Lei nº 5.869, de 11 de janeiro de 1973.

> [...]
>
> § 2º Permanecem em vigor as disposições especiais dos procedimentos regulados em outras leis, aos quais se aplicará supletivamente este Código.
>
> [...] (Brasil, 2015)

A fim de promover a troca de informações e buscar a padronização dos procedimentos adotados em todo território nacional no âmbito dos juizados especiais estaduais, foi idealizado o Fórum Permanente de Coordenadores de Juizados Especiais Cíveis e Criminais do Brasil (Fonaje). O Fonaje expede enunciados; no tocante à menor complexidade da causa, assim esclarece o **Enunciado 54 cível**:

✦ ✦ ✦

"A menor complexidade da causa para a fixação da competência é aferida pelo objeto da prova e não em face do direito material." (Fonaje, 2020)

✦ ✦ ✦

O **Enunciado 10 criminal** determina:

✦ ✦ ✦

"Havendo conexão entre crimes da competência do Juizado Especial e do Juízo Penal Comum, prevalece a competência deste." (Fonaje, 2020)

✦ ✦ ✦

Os crimes de trânsito abrangidos pelos juizados especiais criminais são, em sua maioria, crimes de menor potencial ofensivo, tratados mediante processo sumaríssimo da Lei n. 9.099/1995. Lembramos que crimes de menor potencial ofensivo são as contravenções penais e os crimes em que a lei comine pena máxima não superior a dois anos, podendo ser cumulada ou não com multa.

O processo sumaríssimo será orientado pelos critérios da celeridade, da oralidade, da informalidade e da economia processual.

O conceito de *crime de menor potencial ofensivo* compreende os crimes que atingem a sociedade de forma menos gravosa, com isso não necessitam de um procedimento judicial mais complexo, como o que envolve o inquérito policial. Para crimes de menor potencial ofensivo, assina-se um termo circunstanciado, no qual ficam consignadas a materialidade e a autoria do delito, dispensando-se o inquérito policial.

Prestigiam-se os princípios da oralidade, da informalidade, da economia processual e da celeridade na reparação dos danos sofridos pela vítima e na aplicação da pena não privativa de liberdade. O autor do fato pode compor com a vítima, entabulando um acordo na esfera civil, com a composição dos danos civis e com a possibilidade de reparar o dano por meio de uma indenização.

É possível estabelecer também uma transação penal, desde que o agente beneficiado preencha os requisitos para tal benefício. É algo a ser proposto pelo Ministério Público; nesse caso, não há reparação civil, tão somente a possibilidade de evitar um processo judicial.

A finalidade desse instituto é proporcionar ao acusado a substituição da pena restritiva de liberdade pela atividade em prol da comunidade, que pode ser representada por serviços em instituições previamente designadas pelo juízo ou pagamento em pecúnia para entidades cadastradas.

Alguns exemplos de casos em que se aplica a Lei dos Juizados Especiais Estaduais são:

1. Crime do art. 303, *caput*, do CTB: lesão corporal culposa, desde que não seja aplicado aumento de pena.
2. Crime do art. 304 do CTB: omissão de socorro.
3. Crime do art. 305 do CTB: afastar-se do local do acidente para fugir à responsabilidade penal ou civil.

4. Crime do art. 307 do CTB: violar a suspensão ou a proibição de se obter permissão ou habilitação para dirigir.
5. Crime do art. 307, parágrafo único, do CTB: quando o condenado deixa de entregar em 48 horas, à autoridade judiciária, a permissão para dirigir ou a carteira de habilitação.
6. Crime do art. 309 do CTB: dirigir veículo automotor em via pública sem a devida permissão para dirigir ou habilitação ou, se cassado o direito de dirigir, gerando perigo de dano.
7. Crime do art. 310 do CTB: permitir, confiar ou entregar a direção de veículo automotor à pessoa não habilitada, com habilitação cassada ou com o direito de dirigir suspenso ou, ainda, a quem, por seu estado de saúde, física ou mental, ou por embriaguez, não esteja em condições de conduzi-lo com segurança.
8. Crime do art. 311 do CTB: trafegar em velocidade incompatível com a segurança nas proximidades de escolas, hospitais, estações de embarque e desembarque de passageiros, logradouros estreitos ou onde haja grande movimentação ou concentração de pessoas, gerando perigo de dano.
9. Crime do art. 312 do CTB: inovar artificiosamente, em caso de acidente automobilístico com vítima, na pendência do respectivo procedimento policial preparatório, inquérito policial ou processo penal, o estado de lugar, de coisa ou de pessoa, a fim de induzir a erro o agente policial, o perito ou o juiz.

Assim, restam excluídos os crimes elencados nos art. 302, 303, 306 e 308 do CTB, eis que as penas cominadas ultrapassam o limite legal de aplicação da Lei dos Juizados Especiais Criminais, pois cada dispositivo tem uma pena superior ao determinado pelo legislador, a saber:

1. Art. 302 do CTB: praticar homicídio culposo na direção de veículo automotor. Pena: detenção de dois a quatro anos e suspensão ou proibição de se obter a permissão ou a habilitação para dirigir veículo automotor.

2. Art. 303, parágrafo 1º, do CTB: praticar lesão corporal culposa na direção de veículo automotor. A pena inicial é de detenção de seis meses a dois anos e suspensão ou proibição de se obter a permissão ou a habilitação para dirigir veículo automotor. Aumenta-se a pena de um terço à metade se ocorrer qualquer das hipóteses do parágrafo 1º do art. 302. Esse parágrafo foi renumerado pela Lei n. 13.546/2017.
3. Art. 306 do CTB: conduzir veículo automotor com capacidade psicomotora alterada em razão da influência de álcool ou de outra substância psicoativa que determine dependência. Pena: detenção de seis meses a três anos, multa e suspensão ou proibição de se obter a permissão ou a habilitação para dirigir veículo automotor.
4. Art. 308 do CTB: participar, na direção de veículo automotor, em via pública, de corrida, disputa ou competição automobilística ou ainda de exibição ou demonstração de perícia em manobra de veículo automotor não autorizada pela autoridade competente, gerando situação de risco à incolumidade pública ou privada. A pena aplicada será de detenção de seis meses a três anos, multa e suspensão ou proibição de se obter a permissão ou a habilitação para dirigir veículo automotor.

No capítulo sobre crimes em espécie, aprofundaremos o tema de cada um desses dispositivos.

Resoluções do Conselho Nacional de Trânsito (Contran)

O principal caráter das resoluções do Contran é a normatização e a regulamentação do CTB. Tais resoluções têm força de lei. Após a edição do CTB, até o presente momento foram editadas mais de 875 resoluções, que se somam às editadas antes da vigência do CTB e que ainda estão vigentes, pois não conflitam com esse dispositivo. Sobre isso, sugerimos a consulta ao art. 314, parágrafo único, do

CTB, que informa sobre a absorção das resoluções anteriores à edição do atual CTB naquilo em que com ele não conflitam.

Portarias e decretos

As portarias surgem com a finalidade específica de regulamentar determinadas práticas operacionais e administrativas na relação entre os órgãos e o sistema nacional de trânsito e o Departamento Nacional de Trânsito (Denatran), bem como regulamentar resoluções do Contran.

Os decretos são atos que normatizam matérias específicas, emanadas por uma autoridade superior para o cumprimento de determinada resolução.

1.4 Elementos constitutivos da conduta (dolosa/culposa)

Para que um crime seja classificado como doloso ou culposo, é necessário averiguar se o agente agiu com vontade ou com culpa, para que seja classificado conforme a intensão de sua atitude.

O Código Penal, em seu art. 18, inciso I, define como *crime doloso* aquele em que o agente quis o resultado ou assumiu o risco de produzi-lo. Vejamos:

> Art. 18. Diz-se o crime: (Redação Lei 7.209/1984)
>
> **Crime doloso** (Incluído pela Lei 7.209/1984)
>
> I – doloso, quando o agente quis o resultado ou assumiu o risco de produzi-lo; (Incluído pela Lei 7.209/1984) (Brasil, 1940, grifo do original)

Já os crimes culposos estão no Código Penal no artigo 18, inciso II, que define como *crime culposo* aquele em que o agente deu causa ao resultado por imprudência, negligência ou imperícia.

> Art. 18. Diz-se o crime: (Redação Lei 7.209/1984)
>
> [...]
>
> **Crime culposo** (Incluído pela Lei 7.209/1984)
>
> II – culposo, quando o agente deu causa ao resultado por imprudência, negligência ou imperícia. (Incluído pela Lei 7.209/1984)
>
> Parágrafo único – Salvo os casos expressos em lei, ninguém pode ser punido por fato previsto como crime, senão quando o pratica dolosamente. (Incluído pela Lei 7.209/1984) (Brasil, 1940, grifo do original)

O CTB estabeleceu como regra a punição por crimes dolosos (veja arts. de 304 a 312 da Lei n. 9.503/1997). Somente duas condutas são rotuladas como culposas, e isso faz a diferença no enquadramento do tipo penal e na respectiva pena, exigindo a previsão expressa do termo *culposo* para enquadramento legal.

O art. 302 do CTB trata do homicídio culposo:

> Art. 302. Praticar homicídio culposo na direção de veículo automotor:
>
> Penas – detenção, de dois a quatro anos, e suspensão ou proibição de se obter a permissão ou a habilitação para dirigir veículo automotor.
>
> § 1º No homicídio culposo cometido na direção de veículo automotor, a pena é aumentada de 1/3 (um terço) à metade, se o agente: (Incluído pela Lei 12.971/2014)

> I – não possuir Permissão para Dirigir ou Carteira de Habilitação; (Incluído pela Lei 12.971/2014)
>
> II – praticá-lo em faixa de pedestres ou na calçada; (Incluído pela Lei 12.971/2014)
>
> III – deixar de prestar socorro, quando possível fazê-lo sem risco pessoal, à vítima do acidente; (Incluído pela Lei 12.971/2014)
>
> IV – no exercício de sua profissão ou atividade, estiver conduzindo veículo de transporte de passageiros. (Incluído pela Lei 12.971/2014)
>
> V – (Revogado pela Lei 11.705/2008)
>
> § 2º (Revogado pela Lei 13.281/2016)
>
> § 3º Se o agente conduz veículo automotor sob a influência de álcool ou de qualquer outra substância psicoativa que determine dependência: (Incluído pela Lei 13.546/2017)
>
> Penas – reclusão, de cinco a oito anos, e suspensão ou proibição do direito de se obter a permissão ou a habilitação para dirigir veículo automotor. (Incluído pela Lei 13.546/2017) (Brasil, 1997, grifo nosso)

Já o art. 303 do CTB disciplina a lesão corporal culposa:

> Art. 303. Praticar **lesão corporal culposa** na direção de veículo automotor:
>
> Penas – detenção, de seis meses a dois anos e suspensão ou proibição de se obter a permissão ou a habilitação para dirigir veículo automotor.
>
> § 1º Aumenta-se a pena de 1/3 (um terço) à metade, se ocorrer qualquer das hipóteses do § 1º do artigo 302. (Renumerado do parágrafo único pela Lei 13.546/2017)

> § 2º A pena privativa de liberdade é de reclusão de dois a cinco anos, sem prejuízo das outras penas previstas neste artigo, se o agente conduz o veículo com capacidade psicomotora alterada em razão da influência de álcool ou de outra substância psicoativa que determine dependência, e se do crime resultar lesão corporal de natureza grave ou gravíssima. (Incluído pela Lei 13.546/2017) (Brasil, 1997, grifo nosso)

As condutas descritas nos dispositivos anteriores são as duas condutas tipificadas no CTB como crimes culposos, eis que a regra é o enquadramento como crime doloso, aquele em que o agente quis o resultado.

1.5 Diferença entre infração de trânsito/administrativa e crime de trânsito

Para que seja caracterizada uma infração de trânsito/administrativa, basta que o agente não cumpra uma norma legalmente prevista. Nesse caso, não é levado em consideração se ele quis ou não cumprir determinado ordenamento; o simples desrespeito à norma já possibilita que o agente de trânsito possa autuá-lo.

Diferentemente da caracterização do crime de trânsito, no qual outros elementos são ponderados para que a conduta seja caracterizada como dolosa ou culposa, os elementos subjetivos do tipo (anteriormente estudados), que podem ser o dolo ou a culpa, são imprescindíveis para a tipificação da conduta delituosa.

Lembramos que a culpa não se presume. Para se atribuir a responsabilidade penal objetiva, a presunção de culpabilidade pelo resultado lesivo deve estar prevista expressamente no ordenamento para que possa ser imputada ao agente.

1.6 *Transação penal nos crimes de trânsito*

Se os requisitos do art. 76 da Lei dos Juizados Especiais (Lei n. 9.099/1995) forem preenchidos, aplica-se o instituto da transação penal, desde que não se trate dos crimes de homicídio culposo e de lesão corporal culposa sob influência de álcool, bem como do crime de racha ou velocidade extraordinária, conforme art. 291, parágrafo 1º, incisos I, II e III, do CTB. Não se configurando nenhum desses casos, permite-se a aplicação do referido instituto, encerrando-se a demanda mediante aplicação das penas restritivas de direitos ou multa.

Sobre as penas restritivas de direitos, assim prevê o art. 43 do Código Penal:

> Art. 43. As penas restritivas de direitos são: (Redação Lei 9.714/1998)
>
> I – prestação pecuniária; (Incluído Lei 9.714/1998)
> II – perda de bens e valores; (Incluído Lei 9.714/1998)
> III – limitação de fim de semana. (Incluído Lei 7.209/1984)
> IV – prestação de serviço à comunidade ou a entidades públicas; (Incluído Lei 9.714/1998)
> V – interdição temporária de direitos; (Incluído Lei 9.714/1998)
> VI – limitação de fim de semana. (Incluído Lei 9.714/1998)
> (Brasil, 1940)

O rol do art. 43 do Código Penal é taxativo, dispondo das possibilidades de aplicação das penas restritivas de direitos em casos de crimes de trânsito que preencham os requisitos do art. 76 da Lei n. 9.099/1995, a saber:

Art. 76. Havendo representação ou tratando-se de crime de ação penal pública incondicionada, não sendo caso de arquivamento, o Ministério Público poderá propor a aplicação imediata de pena restritiva de direitos ou multas, a ser especificada na proposta.

§ 1º Nas hipóteses de ser a pena de multa a única aplicável, o Juiz poderá reduzi-la até a metade.

§ 2º Não se admitirá a proposta se ficar comprovado:

I – ter sido o autor da infração condenado, pela prática de crime, à pena privativa de liberdade, por sentença definitiva;

II – ter sido o agente beneficiado anteriormente, no prazo de cinco anos, pela aplicação de pena restritiva ou multa, nos termos deste artigo;

III – não indicarem os antecedentes, a conduta social e a personalidade do agente, bem como os motivos e as circunstâncias, ser necessária e suficiente a adoção da medida.

§ 3º Aceita a proposta pelo autor da infração e seu defensor, será submetida à apreciação do Juiz.

§ 4º Acolhendo a proposta do Ministério Público aceita pelo autor da infração, o Juiz aplicará a pena restritiva de direitos ou multa, que não importará em reincidência, sendo registrada apenas para impedir novamente o mesmo benefício no prazo de cinco anos.

§ 5º Da sentença prevista no parágrafo anterior caberá a apelação referida no art. 82 desta Lei.

§ 6º A imposição da sanção de que trata o § 4º deste artigo não constará de certidão de antecedentes criminais, salvo para os fins previstos no mesmo dispositivo, e não terá efeitos civis, cabendo aos interessados propor ação cabível no juízo cível. (Brasil, 1995)

É possível também aplicar as penas restritivas temporárias de direitos elencadas no art. 47 do Código Penal, por meio do instituto da transação penal, a saber:

> Art. 47. As penas de interdição temporária de direitos são: (Redação Lei 7.209/1984)
>
> I – proibição do exercício de cargo, função ou atividade pública, bem como de mandato eletivo; (Redação Lei 7.209/1984)
>
> II – proibição do exercício de profissão, atividade ou ofício que dependam de habilitação especial, de licença ou autorização do poder público; (Redação Lei 7.209/1984)
>
> III – suspensão de autorização ou de habilitação para dirigir veículo. (Redação Lei 7.209/1984)
>
> IV – proibição de frequentar determinados lugares. (Incluído Lei 9.714/1998)
>
> V – proibição de inscrever-se em concurso, avaliação ou exames públicos. (Incluído Lei 12.550/2011) (Brasil, 1940)

O instituto da transação penal promove ampla discussão doutrinária e tem um grupo de entusiastas e críticos. Discussões à parte, o legislador busca a reprimenda de forma que desmotive o agente na conduta criminosa, mas que ofereça uma chance de se redimir de seu ato infracional.

Após o advento da Lei n. 12.971/2014, a suspensão ou a proibição de se obter a habilitação ou a permissão para dirigir não pode mais ser aplicada como pena principal.

> Art. 292. A suspensão ou a proibição de se obter a permissão ou a habilitação para dirigir veículo automotor pode ser imposta isolada ou cumulativamente com outras penalidades. (Redação Lei 12.971/2014) (Brasil, 1997)

A penalidade de suspensão ou proibição disciplinada no art. 292 do CTB, citado anteriormente, surge expressamente em quatro artigos desse diploma legal. São eles:

> Art. 302. Praticar homicídio culposo na direção de veículo automotor:
>
> Penas – detenção, de dois a quatro anos, e suspensão ou proibição de se obter a permissão ou a habilitação para dirigir veículo automotor.
>
> Art. 303. Praticar lesão corporal culposa na direção de veículo automotor:
>
> Penas – detenção, de seis meses a dois anos e suspensão ou proibição de se obter a permissão ou a habilitação para dirigir veículo automotor.
>
> Art. 306. Conduzir veículo automotor com capacidade psicomotora alterada em razão da influência de álcool ou de outra substância psicoativa que determine dependência: (Redação Lei 12.760/2012)
>
> Penas – detenção, de seis meses a três anos, multa e suspensão ou proibição de se obter a permissão ou a habilitação para dirigir veículo automotor.
>
> Art. 308. Participar, na direção de veículo automotor, em via pública, de corrida, disputa ou competição automobilística ou ainda de exibição ou demonstração de perícia em manobra de veículo automotor, não autorizada pela autoridade competente, gerando situação de risco à incolumidade pública ou privada: (Redação Lei 13.546/2017)
>
> Penas – detenção, de 6 (seis) meses a 3 (três) anos, multa e suspensão ou proibição de se obter a permissão ou a habilitação para dirigir veículo automotor. (Redação Lei 12.971/2014) (Brasil, 1997)

Ressaltamos que a penalidade de suspensão penal só poderá ser aplicada após a soltura do réu, nos termos do art. 293 do CTB, a saber:

> Art. 293. A penalidade de suspensão ou de proibição de se obter a permissão ou a habilitação, para dirigir veículo automotor, tem a duração de dois meses a cinco anos.
>
> § 1º Transitada em julgado a sentença condenatória, o réu será intimado a entregar à autoridade judiciária, em quarenta e oito horas, a Permissão para Dirigir ou a Carteira de Habilitação.
>
> § 2º A penalidade de suspensão ou de proibição de se obter a permissão ou a habilitação para dirigir veículo automotor não se inicia enquanto o sentenciado, por efeito de condenação penal, estiver recolhido a estabelecimento prisional. (Brasil, 1997)

A Lei n. 12.619/2012, alterada pela Lei n. 13.103/2015, que versa a respeito do exercício da profissão de motorista (EAR – exercício da atividade remunerada), alterou tanto o CTB quanto a Consolidação das Leis do Trabalho (CLT) – Decreto-Lei n. 5.452, de 1º de maio de 1943.

No CTB, a Lei do Motorista inseriu o Capítulo o qual define que as normas ali previstas são aplicadas aos motoristas profissionais de transporte rodoviário coletivo de passageiros e de transporte rodoviário de cargas, vedando, nesses casos, ao motorista profissional dirigir por mais de cinco horas e meia ininterruptas.

Já a CLT, além de reafirmar a necessária observância às normas dispostas no CTB, inovou quanto à determinação, aos motoristas profissionais, de submeterem-se a teste e a programa de controle de uso de droga e de bebida alcoólica a ser instituído pelo empregador, inclusive prevendo tratar-se de infração disciplinar que pode culminar em penalização se houver recusa, por parte do motorista, de realizar tanto o teste como o programa de controle (Brasil, 1943).

Ainda na CLT, nos parágrafos do art. 71, o legislador tratou de fixar 30 minutos para descanso a cada seis horas na condução de veículo de transporte de carga, facultando o seu fracionamento e do tempo de direção desde que não ultrapassadas cinco horas e meia contínuas na condução do veículo. Em casos de condução de veículo rodoviário de passageiros, a CLT fixou 30 minutos para descanso a cada quatro horas, facultando o fracionamento do tempo de direção (Brasil, 1943).

O legislador, ao definir a norma que controla o tempo de condução, ponderou apenas o período em que o condutor está efetivamente conduzindo o veículo. Independentemente do trajeto a ser cumprido (se é o início ou o retorno da viagem), não levou em consideração se o veículo está carregado ou não.

É importante destacar que a Lei n. 13.103/2015 permite, em casos excepcionais, que o tempo previsto de direção seja estendido até que o condutor possa chegar a um lugar seguro e que atenda aos requisitos mínimos de estadia para o motorista. A lei não estabelece qual período pode ser ampliado, mas destaca que não pode haver comprometimento da segurança rodoviária. Portanto, o motorista deve dirigir além do período permitido em lei somente até conseguir chegar a um local adequado para seu repouso.

1.7 Suspensão condicional do processo

Essa possibilidade, prevista na legislação, é uma das formas de resolução alternativa de conflitos que envolvam crimes, no caso crimes de trânsito, cuja pena mínima não ultrapasse um ano. Além disso, o acusado deve preencher alguns requisitos, entre eles não ser reincidente em crime doloso e não estar sendo processado por outro crime.

O instituto da suspensão condicional do processo pode ser aplicado em qualquer procedimento, independentemente do rito processual. O Ministério Público, detentor da prerrogativa de oferecer a suspensão condicional, dá essa possibilidade ao réu; se for aceita, será homologada pelo juiz. Esse acordo, firmado entre o Ministério Público e o réu, homologado pelo Poder Judiciário, suspenderá o processo.

O réu cumprirá as diretrizes apresentadas pelo Ministério Público e, após o período estabelecido, o juiz declarará extinta a punibilidade. Vejamos o teor dos arts. 60, 61 e 62 da Lei n. 9.099/1995, que versa sobre a competência do juizado especial estadual:

> Art. 60. O Juizado Especial Criminal, provido por juízes togados ou togados e leigos, tem competência para a conciliação, o julgamento e a execução das infrações penais de menor potencial ofensivo, respeitadas as regras de conexão e continência. (Redação Lei 11.313/2006)
>
> Parágrafo único. Na reunião de processos, perante o juízo comum ou o tribunal do júri, decorrentes da aplicação das regras de conexão e continência, observar-se-ão os institutos da transação penal e da composição dos danos civis. (Incluído Lei 11.313/2006)
>
> Art. 61. Consideram-se infrações penais de menor potencial ofensivo, para os efeitos desta Lei, as contravenções penais e os crimes a que a lei comine pena máxima não superior a 2 (dois) anos, cumulada ou não com multa. (Redação Lei 11.313/2006)
>
> Art. 62. O processo perante o Juizado Especial orientar-se-á pelos critérios da oralidade, simplicidade, informalidade, economia processual e celeridade, objetivando, sempre que possível, a reparação dos danos sofridos pela vítima e a aplicação de pena não privativa de liberdade. (Redação Lei 13.603/2018) (Brasil, 1995)

Cumpridas integralmente as determinações, o réu não terá nenhum tipo de anotação de antecedentes, no entanto não poderá ser beneficiado pelo mesmo instituto antes de decorridos cinco anos do cumprimento anterior, conforme disposto no art. 76, parágrafo 4º, da Lei n. 9.099/1995:

> Art. 76. Havendo representação ou tratando-se de crime de ação penal pública incondicionada, não sendo caso de arquivamento, o Ministério Público poderá propor a aplicação imediata de pena restritiva de direitos ou multas, a ser especificada na proposta.
>
> [...]
>
> § 4º Acolhendo a proposta do Ministério Público aceita pelo autor da infração, o Juiz aplicará a pena restritiva de direitos ou multa, que não importará em reincidência, sendo registrada apenas para impedir novamente o mesmo benefício no prazo de cinco anos. (Brasil, 1995)

O art. 76, parágrafo 2º, inciso II, da Lei n. 9.099/1995 determina os casos em que não poderá ser proposta a suspensão condicional do processo. Vejamos:

> Art. 76. Havendo representação ou tratando-se de crime de ação penal pública incondicionada, não sendo caso de arquivamento, o Ministério Público poderá propor a aplicação imediata de pena restritiva de direitos ou multas, a ser especificada na proposta.
>
> [...]
>
> § 2º Não se admitirá a proposta se ficar comprovado:

> I – ter sido o autor da infração condenado, pela prática de crime, à pena privativa de liberdade, por sentença definitiva;
> II – ter sido o agente beneficiado anteriormente, no prazo de cinco anos, pela aplicação de pena restritiva ou multa, nos termos deste artigo;
> III – não indicarem os antecedentes, a conduta social e a personalidade do agente, bem como os motivos e as circunstâncias, ser necessária e suficiente a adoção da medida à apreciação do Juiz. (Brasil, 1995)

Os crimes de trânsito em espécie estão previstos Capítulo XIX, Seção II, do CTB. Dos 11 crimes previstos, somente três não podem receber o tratamento diferenciado do rito processual dos juizados especiais, pois preveem penas máximas acima de dois anos, quais sejam, os crimes indicados nos arts. 302, 306 e 308 do CTB.

Os demais crimes previstos no mesmo ordenamento podem usufruir o rito processual sumaríssimo e a aplicação da pena não privativa de liberdade, prevista no art. 62 da Lei n. 9.099/1995. São os crimes indicados nos arts. 303, 304, 305, 307, 309, 310, 311 e 312, todos do CTB, cuja previsão de pena máxima não ultrapassa dois anos.

Natureza jurídica da suspensão condicional do processo

A legitimidade para propor a suspensão condicional do processo é do Ministério Público, cabendo a este decidir sobre a conveniência de apresentar ou não a proposta da suspensão.

O réu que preencher os requisitos poderá acatar proposta. Na suspensão condicional do processo, não será discutida a responsabilidade criminal, somente o cumprimento das exigências legais estabelecidas pelo Ministério Público e homologadas pelo juiz da causa.

A aceitação desse instituto faz com que sejam cessadas as buscas por uma condenação, tendo em vista que o réu cumprirá as exigências estabelecidas e, após o cumprimento integral, será decretada a extinção da punibilidade.

No momento da aceitação da suspensão condicional do processo, o juiz apresentará as condições segundo o art. 89, parágrafo 1º, incisos I, II, III, IV, da Lei n. 9.099/1995:

> Art. 89. Nos crimes em que a pena mínima cominada for igual ou inferior a um ano, abrangidas ou não por esta Lei, o Ministério Público, ao oferecer a denúncia, poderá propor a suspensão do processo, por dois a quatro anos, desde que o acusado não esteja sendo processado ou não tenha sido condenado por outro crime, presentes os demais requisitos que autorizariam a suspensão condicional da pena (art. 77 do Código Penal).
>
> § 1º Aceita a proposta pelo acusado e seu defensor, na presença do Juiz, este, recebendo a denúncia, poderá suspender o processo, submetendo o acusado a período de prova, sob as seguintes condições:
>
> I – reparação do dano, salvo impossibilidade de fazê-lo;
> II – proibição de frequentar determinados lugares;
> III – proibição de ausentar-se da comarca onde reside, sem autorização do Juiz;
> IV – comparecimento pessoal e obrigatório a juízo, mensalmente, para informar e justificar suas atividades. (Brasil, 1995)

O rol de condições é meramente exemplificativo, servindo de parâmetro para determinar as restrições conforme o caso concreto. Logo, o juiz não está adstrito à listagem apresentada. Vejamos mais detalhadamente cada um dos incisos do artigo anteriormente mencionado.

1. **Inciso I:** a reparação dos danos é uma imposição para que não seja aplicada a sanção, sendo exigida nos casos em que é possível efetuá-la. Ela pode ser reparada no decorrer do processo, período em que normalmente é apresentado ao infrator a possibilidade de parcelamento.
2. **Inciso II:** o magistrado elenca os lugares que não podem ser frequentados pelo acusado. Portanto, o juiz pode determinar que o beneficiário da suspensão condicional do processo não frequente alguns lugares que achar inadequados por determinado período. Nesse caso, é muito comum a proibição de frequentar bares, estabelecimentos noturnos ou similares.
3. **Inciso III:** o juiz determina que o infrator não poderá afastar-se da comarca em que reside sem autorização prévia do magistrado. Essa autorização deve ser solicitada para ausência superior a oito dias.
4. **Inciso IV:** o magistrado determina qual a periodicidade que o infrator deve comparecer em juízo para atestar o cumprimento da pena. Ele preenche um relatório no qual declara as atividades desenvolvidas; normalmente determina-se presença mensal por um ou dois anos. No período determinado, o acusado terá suas atividades monitoradas, por isso exige-se o comparecimento periódico para prestação de contas.

Ressaltamos que a suspensão condicional do processo é um benefício jurídico que possibilita ao acusado manter sua condição de inocência, pois não foi reconhecida a culpabilidade ou qualquer requisito de responsabilidade criminal.

Se as condições propostas pelo juiz forem cumpridas integralmente, será então extinta a punibilidade. Se houver o descumprimento das condições legalmente impostas, o benefício é revogado, iniciando-se o processo.

Efeitos do cumprimento da suspensão condicional do processo

O principal efeito do cumprimento da suspensão condicional do processo é dar ao acusado a possibilidade de evitar a demanda judicial, pois ela é paralisada mediante o acerto de condições a serem cumpridas durante determinado período.

É considerado, por muitos juristas, um instituto despenalizador, pois, se o réu cumprir as exigências, deixará de vivenciar o constrangimento de um processo criminal. Como ponto principal, o legislador destaca a possibilidade de propiciar que o agente causador do dano repare seu erro, dando a esse indivíduo a chance de se redimir, desde que ele se comporte conforme determina a lei, obedecendo às exigências determinadas pelo magistrado.

Salientamos a vantagem de se manter a primariedade, mesmo com a ressalva de não poder usufruir dos benefícios do instituto pelo prazo de cinco anos.

Por si só, a suspensão condicional do processo já demonstra o rigor do instrumento jurídico, tendo em vista as condições impostas, que devem ser respeitadas; no entanto, o trauma de uma restrição de liberdade é muito maior. Além disso, há a redução, no âmbito do Poder Judiciário, do volume de processos a serem acompanhados, não há o estigma desenvolvido pelo indivíduo que teve sua liberdade cerceada e não é feita a eventual anotação de antecedentes criminais.

O objetivo da implementação desse instituto é proporcionar, ao acusado, a oportunidade para não voltar a praticar a mesma conduta criminosa, respeitando, a partir de então, os valores sociais vigentes sem causar danos sociais.

A determinação do comparecimento em juízo é a demonstração de que o Estado efetivamente está acompanhando o transgressor. Com essa imposição, o acusado terá sua vida controlada, acompanhada por um período específico, fazendo com que se sinta vigiado e não volte a transgredir, sob pena de ter agravada sua condição de liberdade.

> *Para saber mais*
>
> NUCCI, G. de S. **Manual de direito penal**. 16. ed. Rio de Janeiro: Forense, 2020.
>
> Aprofunde o tema abordado neste capítulo por meio da leitura do Capítulo 3 da obra ora indicada.
>
> OLIVEIRA, N. Trânsito: mais rigor para salvar vidas. **Portal do Senado Federal**, 6 jun. 2019. Disponível em: <https://www12.senado.leg.br/noticias/especiais/especial-cidadania/transito-mais-rigor-para-salvar-vidas>. Acesso em: 30 jul. 2020.
>
> No *link* indicado, você poderá consultar informações estatísticas acerca das infrações mais cometidas nas estradas brasileiras e também o número de mortes decorrentes de acidentes de trânsito no Brasil.

Síntese

Apresentamos, neste primeiro capítulo, a gênese da legislação de trânsito brasileira. Revisitamos a história e a criação das normas que regem a circulação de pessoas, veículos e animais em território nacional.

Abordamos os conceitos e as normas expedidas pelos órgãos integrantes do Sistema Nacional de Trânsito e, assim, foi possível diferenciar as penalidades administrativas das condutas tipificadas como crimes.

Além disso, evidenciamos as consequências advindas do descumprimento das normas insertas no CTB e na legislação correlata.

Por fim, em se tratando de crimes de trânsito, apresentamos a distinção entre condutas dolosas e culposas e analisamos a possibilidade, oferecida pela Lei n. 9.099/1995 (Lei dos Juizados Especiais), da suspensão condicional do processo mediante o preenchimento dos requisitos legais.

Questões para revisão

1. O legislador estabeleceu sanções cíveis e penais na esfera de trânsito. As sanções cíveis são mais brandas e envolvem penalidades pecuniárias e restrição de direitos. Já as penalidades penais são aplicadas quando a conduta afeta a comunidade; essa tipificação deve ser expressa no ordenamento jurídico.
O texto anterior é verdadeiro ou falso? Justifique sua resposta.

2. O legislador elencou, no art. 291 do CTB, os crimes cometidos na direção de veículos automotores. Cite exemplos de quatro crimes na condução de veículos.

3. Quanto à natureza jurídica dos crimes de trânsito, analise as assertivas a seguir.
    I. Crime de dano é quando ocorre uma alteração depreciativa do bem.
    II. Crime de perigo é quando algum bem é exposto a risco pela conduta do agente.
    III. Os crimes de dano estão previstos no CTB na modalidade dolosa.
    IV. Os crimes de perigo estão previstos no CTB na modalidade culposa.
    V. Os crimes de dano estão previstos no CTB na modalidade culposa, e os de perigo, na modalidade dolosa.

    Agora, marque a alternativa correta:
    a. As afirmações I, II e V estão incorretas.
    b. As afirmações III e IV estão corretas.
    c. As afirmações I, II e V estão corretas.
    d. As afirmações II e IV estão incorretas.
    e. As afirmações I e V estão incorretas.

4. A Lei n. 9.099/1995 aplica-se aos crimes de trânsito. Qual a limitação imposta pelo legislador?
   a. A limitação diz respeito à pessoa do infrator e é aplicável aos servidores públicos apenas.
   b. A limitação diz respeito aos crimes de trânsito cuja pena privativa de liberdade não seja superior a dois anos, desde que sejam respeitadas as normas de conexão e continência, conforme o art. 60 da referida norma.
   c. A limitação diz respeito, exclusivamente, ao local de cumprimento da pena.
   d. A limitação diz respeito à competência para a conciliação e o julgamento, sendo excluída a competência para execução.
   e. A limitação diz respeito às infrações penais de maior potencial ofensivo.

5. Marque a alternativa correta quanto à classificação de *infração administrativa* e *crime de trânsito*:
   a. Infração de trânsito ocorre quando o agente cumpre as normas legalmente previstas pelo legislador; crime de trânsito é quando o agente age com dolo ou culpa.
   b. Infração de trânsito ocorre quando o agente deixa de cumprir as normas legalmente previstas pelo legislador; crime de trânsito é quando o agente age com dolo e culpa.
   c. Infração de trânsito ocorre quando o agente deixa de cumprir as normas legalmente previstas pelo legislador; crime de trânsito é quando o agente age com dolo ou culpa.
   d. Infração de trânsito e crime de trânsito ocorrem quando o agente dolosamente deixa de cumprir as normas legalmente previstas.
   e. Infração de trânsito e crime de trânsito ocorrem quando o agente culposamente deixa de cumprir as normas legalmente previstas.

Questões para reflexão

1. Na Constituição Federal de 1988 reside o fundamento de validade de todas as demais normas. Em quais artigos da Carta Maior podemos identificar a preocupação do legislador originário no tocante à circulação de pessoas, veículos e animais?

2. Quanto aos elementos subjetivos da conduta criminosa, dolo e culpa, qual é o mais grave na sua opinião?

capítulo dois

Conceitos sobre crimes e multas previstos no CTB

Conteúdos do capítulo

- Multas previstas no Código de Trânsito Brasileiro (CTB), entre elas a reparatória, a penal e a administrativa.
- Conceitos de crimes de dano e de crimes de perigo no âmbito do CTB.
- Diferença entre crime de perigo abstrato e crime de perigo concreto.
- Circunstâncias que agravam a pena.

Após o estudo deste capítulo, você será capaz de:

1. identificar as três espécies de multas, diferenciando multa reparatória, multa penal e multa administrativa.
2. distinguir os tipos de crimes de trânsito.
3. conceituar um crime de dano e um crime de perigo conforme a legislação vigente.

2.1 Espécies de multas previstas no CTB

O Código de Trânsito Brasileiro (CTB) – Lei n. 9.503, de 23 de setembro de 1997 – prevê três tipos de multas de naturezas diferentes (Brasil, 1997):

1. multa de natureza civil reparatória;
2. multa de natureza penal;
3. multa de natureza administrativa.

Vejamos a definição de cada uma delas a seguir.

Multa reparatória

Tem cunho indenizatório, apresenta natureza civil e é exigida pelo Poder Judiciário no âmbito penal. Na realidade, é uma espécie de antecipação do ressarcimento que será exigido ao final do processo.

É imposta pelo Poder Judiciário após o registro da reclamação da vítima de acidente de trânsito ou de seus familiares sucessores. Para que a multa se torne exigível, é preciso que advenha de um crime de trânsito, que resulte em um prejuízo material, pois somente este é indenizado pela multa reparatória.

A diferença entre multa reparatória e multa administrativa reside no fato de a multa administrativa ter seu pagamento endereçado ao Estado, e a multa reparatória ter como destino a vítima ou seus sucessores.

A multa reparatória tem como limite o prejuízo que foi demonstrado no processo, mas, se a vítima não concordar com o valor pago, poderá reclamar compensação na esfera cível. A previsão legal da multa reparatória está expressa no Código Penal, nos arts. de 49 a 52, e é determinada em dias-multa, com o valor fixado pelo juiz da causa (Brasil, 1940).

O limite de prazo para o pagamento da multa reparatória é de dez dias após o trânsito em julgado, podendo ser solicitado o parcelamento em requerimento próprio ao juízo em que tramitou a demanda criminal. Vejamos os artigos que tratam do tema.

Multa

Art. 49. A pena de multa consiste no pagamento ao fundo penitenciário da quantia fixada na sentença e calculada em dias-multa. Será, no mínimo, de 10 (dez) e, no máximo, de 360 (trezentos e sessenta) dias-multa. (Redação Lei 7.209/1984)

§ 1º O valor do dia-multa será fixado pelo juiz não podendo ser inferior a um trigésimo do maior salário mínimo mensal vigente ao tempo do fato, nem superior a 5 (cinco) vezes esse salário. (Redação Lei 7.209/1984)

§ 2º O valor da multa será atualizado, quando da execução, pelos índices de correção monetária. (Redação Lei 7.209/1984)

Pagamento da multa

Art. 50. A multa deve ser paga dentro de 10 (dez) dias depois de transitada em julgado a sentença. A requerimento do condenado e conforme as circunstâncias, o juiz pode permitir que o pagamento se realize em parcelas mensais. (Redação Lei 7.209/1984)

§ 1º A cobrança da multa pode efetuar-se mediante desconto no vencimento ou salário do condenado quando: (Incluído Lei 7.209/1984)

a) aplicada isoladamente; (Incluído Lei 7.209/1984)
b) aplicada cumulativamente com pena restritiva de direitos; (Incluído Lei 7.209/1984)
c) concedida a suspensão condicional da pena. (Incluído Lei 7.209/1984)

§ 2º O desconto não deve incidir sobre os recursos indispensáveis ao sustento do condenado e de sua família. (Incluído Lei 7.209/1984)

> **Conversão da Multa e revogação** (Redação Lei 7.209/1984)
>
> Art. 51. Transitada em julgado a sentença condenatória, a multa será considerada dívida de valor, aplicando-se-lhes as normas da legislação relativa à dívida ativa da Fazenda Pública, inclusive no que concerne às causas interruptivas e suspensivas da prescrição. (Redação Lei 9.268/1996) (Brasil, 1940, grifo do original) [Sobre isso, ver a Ação Direta de Inconstitucionalidade (Adin) n. 3.150.]

Caso sobrevenha ao condenado uma doença mental, será suspensa a execução da pena de multa reparatória, conforme previsão legal do art. 52 do Código Penal:

> **Suspensão da execução da multa**
>
> Art. 52. É suspensa a execução da pena de multa, se sobrevém ao condenado doença mental. (Redação Lei 7.209/1984) (Brasil, 1940)

Multa penal

Também conhecida como *multa pecuniária*, é resultante da imposição ao condenado do pagamento para o fundo penitenciário de determinada quantia, calculada em dias-multa, assim como no caso da multa reparatória.

A multa penal pode ser aplicada de forma cumulada com a pena privativa de liberdade ou, ainda, de forma alternativa com a pena de prisão, conforme o art. 292 do CTB:

> Art. 292. A suspensão ou a proibição de se obter a permissão ou a habilitação para dirigir veículo automotor pode ser imposta isolada ou cumulativamente com outras penalidades. (Redação Lei 12.971/2014) (Brasil, 1997)

No art. 304 do CTB, temos a previsão legal de uma pena privativa de liberdade ou multa:

> Art. 304. Deixar o condutor do veículo, na ocasião do acidente, de prestar imediato socorro à vítima, ou, não podendo fazê-lo diretamente, por justa causa, deixar de solicitar auxílio da autoridade pública:
> Penas – detenção, de seis meses a um ano, ou multa, se o fato não constituir elemento de crime mais grave.
> Parágrafo único. Incide nas penas previstas neste artigo o condutor do veículo, ainda que a sua omissão seja suprida por terceiros ou que se trate de vítima com morte instantânea ou com ferimentos leves. (Brasil, 1997)

O art. 306 do CTB estabelece pena privativa de liberdade e multa:

> Art. 306. Conduzir veículo automotor com capacidade psicomotora alterada em razão da influência de álcool ou de outra substância psicoativa que determine dependência: (Redação Lei 12.760/2012)
> Penas – detenção, de seis meses a três anos, multa e suspensão ou proibição de se obter a permissão ou a habilitação para dirigir veículo automotor. [...] (Brasil, 1997)

Quando a multa é a única forma de punição, o que ocorre normalmente em casos de contravenções penais, ou nas hipóteses em que ela é aplicada cumulada com pena de prisão, a exemplo do art. 306 do CTB, será obrigatória sua aplicação, sob pena de ferir o princípio da legalidade ou da inderrogabilidade da pena.

Se a pena de prisão estiver prevista alternativamente à pena de multa, caberá ao juiz optar por uma ou outra, a depender do caso concreto, a exemplo do art. 304 do CTB, traduzindo-se em poder discricionário do juiz desde que seja o mais adequado para a reprimenda criminal no caso concreto.

Multa administrativa

É uma sanção imposta pela autoridade competente sobre o trânsito da circunscrição da via onde foi cometida a infração, de acordo com o art. 256, inciso II, do CTB:

> Art. 256. A autoridade de trânsito, na esfera das competências estabelecidas neste Código e dentro de sua circunscrição, deverá aplicar, às infrações nele previstas, as seguintes penalidades:
>
> [...]
>
> II – multa;
>
> [...] (Brasil, 1997)

A multa administrativa não tem natureza tributária de arrecadação vinculada, pois o CTB, em seu art. 320, determina que as multas sejam aplicadas exclusivamente para melhorias na sinalização, engenharia de tráfego, policiamento, fiscalização e educação de trânsito. Vejamos o teor desse dispositivo:

> Art. 320. A receita arrecadada com a cobrança das multas de trânsito será aplicada, exclusivamente, em sinalização, engenharia de tráfego, de campo, policiamento, fiscalização e educação de trânsito.
>
> § 1º O percentual de cinco por cento do valor das multas de trânsito arrecadadas será depositado, mensalmente, na conta de fundo de âmbito nacional destinado à segurança e educação de trânsito. (Redação Lei 13.281/2016)

> § 2º O órgão responsável deverá publicar, anualmente, na rede mundial de computadores (internet), dados sobre a receita arrecadada com a cobrança de multas de trânsito e sua destinação. (Incluído Lei 13.281/ 2016)
>
> Art. 320-A. Os órgãos e as entidades do Sistema Nacional de Trânsito poderão integrar-se para a ampliação e o aprimoramento da fiscalização de trânsito, inclusive por meio do compartilhamento da receita arrecadada com a cobrança das multas de trânsito. (Redação Lei 13.281/2016) (Brasil, 1997)

O Departamento Nacional de Trânsito (Denatran) administra o Fundo Nacional de Segurança e Educação para o Trânsito (Funset), que recebe 5% de todo o valor arrecadado com multas de trânsito.

2.2 Crimes de dano e de perigo no CTB

No caso dos crimes de trânsito, a doutrina estabeleceu que há dupla classificação: crimes que efetivamente causam danos e crimes que apenas expõem o bem tutelado a perigo. Vejamos.

Crime de dano

É aquele que não se consuma apenas com a exposição ao perigo. Nesse caso, é necessário que ocorra efetivamente o dano, a destruição de um bem protegido juridicamente. No CTB, os crimes de dano são culposos, como preveem expressamente seus arts. 302 (homicídio culposo) e 303 (lesão corporal culposa).

Crime de perigo

É aquele que se consuma com a simples exposição ao perigo, ainda que mera probabilidade de lesão seja criada pelo agente. Vejamos o art. 132 do Código Penal:

> Art. 132. Expor a vida ou a saúde de outrem a perigo direto e iminente:
>
> Pena – detenção, de três meses a um ano, se o fato não constitui crime mais grave.
>
> Parágrafo único. A pena é aumentada de um sexto a um terço se a exposição da vida ou da saúde de outrem a perigo decorre do transporte de pessoas para a prestação de serviços em estabelecimentos de qualquer natureza, em desacordo com as normas legais. (Incluído pela Lei 9.777/1998) (Brasil, 1940)

Crime de perigo abstrato

Também conhecido como *crime de perigo presumido*, é caracterizado pela simples prática da ação que pressupõe uma situação de risco. A situação de perigo não precisa ser provada.

O legislador admite que a simples prática do ato já corresponde a uma situação perigosa e poderá ensejar o enquadramento do indivíduo.

No contexto aqui abordado, um exemplo de crime de perigo abstrato é entregar a direção do veículo automotor para pessoa não habilitada, conforme o art. 310 do CTB:

> Art. 310. Permitir, confiar ou entregar a direção de veículo automotor a pessoa não habilitada, com habilitação cassada ou com o direito de dirigir suspenso,

> ou, ainda, a quem, por seu estado de saúde, física ou mental, ou por embriaguez, não esteja em condições de conduzi-lo com segurança:
>
> Penas – detenção, de seis meses a um ano, ou multa. (Brasil, 1997)

Portanto, o simples fato de entregar a direção do veículo automotor a pessoa não habilitada já caracteriza o crime, não sendo necessário que algum bem juridicamente protegido seja atingido.

Tal entendimento resta consubstanciado na Súmula n. 575 do Superior Tribunal de Justiça (STJ).

> Súmula 575 – Constitui crime a conduta de permitir, confiar ou entregar a direção de veículo automotor a pessoa que não seja habilitada, ou que se encontre em qualquer das situações previstas no art. 310 do CTB, independentemente da ocorrência de lesão ou de perigo de dano concreto na condução do veículo (Terceira Seção, julgado em 22/06/2016, DJe 27/06/2016). (STJ, 2020, p. 706)

Crime de perigo concreto

O crime de perigo concreto é aquele em que o perigo sofrido precisa ser comprovado, devendo ser demonstrada a situação de risco a que foi submetido um bem juridicamente protegido. Deve ser demonstrado que o bem foi efetivamente ameaçado pela conduta do agente. Um agente de trânsito poderá valorar de forma subjetiva o crime de perigo.

Um exemplo de crime de perigo concreto é o excesso de velocidade acima do permitido ou transitar sobre as calçadas com veículos. Tanto os crimes de perigo abstrato quanto os crimes de perigo concreto exigem a presença do dolo na conduta do agente. Eles estão previstos no CTB, nos arts. de 304 a 312.

Segundo o entendimento do STJ, o art. 309 do CTB prevê crime de perigo concreto.

> Art. 309. Dirigir veículo automotor, em via pública, sem a devida Permissão para Dirigir ou Habilitação ou, ainda, se cassado o direito de dirigir, gerando perigo de dano:
>
> Penas – detenção, de seis meses a um ano, ou multa.
>
> (Brasil, 1997)

2.3 Circunstâncias que agravam e aumentam as penas

O CTB informa quais condutas praticadas que acarretam aumento de pena imposta para determinado crime. Quando tratamos de agravamento, referimo-nos a uma conduta do agente infrator que levará o juiz, ao aplicar a pena na sentença condenatória, a avaliar as circunstâncias em que o fato ocorreu. Assim, na dosimetria da pena, a tendência é que ele não aplique a pena mínima, e sim a máxima ou próxima da máxima.

Quanto à circunstância aumentativa de pena, fazemos referência às situações específicas previstas no art. 302 do CTB (homicídio culposo) e no art. 303 do CTB (lesão corporal culposa), hipóteses em que a pena estabelecida para o caso concreto tem a previsão legal de aumento de um terço à metade da pena prevista.

As circunstâncias agravantes são cabíveis a todos os delitos, pois são situações expressas que determinam o agravamento da penalidade de forma direta, sem considerarmos um raciocínio sobre o caso concreto; é uma norma imperativa. Estão previstas no art. 298 do CTB.

> Art. 298. São circunstâncias que sempre agravam as penalidades dos crimes de trânsito ter o condutor do veículo cometido a infração:
>
> I – com dano potencial para duas ou mais pessoas ou com grande risco de grave dano patrimonial a terceiros;
> II – utilizando o veículo sem placas, com placas falsas ou adulteradas;
> III – sem possuir Permissão para Dirigir ou Carteira de Habilitação;
> IV – com Permissão para Dirigir ou Carteira de Habilitação de categoria diferente da do veículo;
> V – quando a sua profissão ou atividade exigir cuidados especiais com o transporte de passageiros ou de carga;
> VI – utilizando veículo em que tenham sido adulterados equipamentos ou características que afetem a sua segurança ou o seu funcionamento de acordo com os limites de velocidade prescritos nas especificações do fabricante;
> VII – sobre faixa de trânsito temporária ou permanentemente destinada a pedestres. (Brasil, 1997)

Situações agravantes são consideradas somente na dosimetria da pena, na segunda fase do processo criminal. Caso contrário, poderiam incorrer em *bis in idem* (repetição de sanção sobre o mesmo fato), se fossem consideradas como elementares do tipo, como qualificadoras ou como causa de aumento de pena do delito específico. Vejamos o art. 68 do Código Penal:

Cálculo da pena

Art. 68. A pena-base será fixada atendendo-se ao critério do art. 59 deste Código; em seguida serão consideradas as circunstâncias atenuantes e agravantes; por último, as causas de diminuição e de aumento. (Redação Lei 7.209/1984)

Parágrafo único. No concurso de causas de aumento ou de diminuição previstas na parte especial, pode o juiz limitar-se a um só aumento ou a uma só diminuição, prevalecendo, todavia, a causa que mais aumente ou diminua. (Redação Lei 7.209/1984) (Brasil, 1940, grifo do original)

Para saber mais

BITENCOURT, C. R. **Tratado de direito penal**. 26. ed. São Paulo: Saraiva, 2020.

Recomendamos a leitura do Capítulo 33 da obra ora indicada para se aprofundar no tema aqui abordado.

Síntese

Neste segundo capítulo, apresentamos as espécies de multas previstas no CTB e evidenciamos a distinção entre os crimes de dano (nos quais há efetivamente dano ao bem tutelado) e os crimes de perigo (nos quais apenas a exposição ao perigo caracteriza o crime).

Abordamos também as circunstâncias do cometimento do crime para a fixação das penas.

Por fim, vislumbramos a gradação aplicada pelo legislador às infrações administrativas e aos crimes propriamente ditos, previstos no CTB.

Questões para revisão

1. É correto afirmar que a multa reparatória tem cunho indenizatório, apresenta natureza civil e é exigida pelo Poder Judiciário no âmbito do direito penal. É uma espécie de antecipação do ressarcimento que será exigido ao final do processo.
   O texto anterior é verdadeiro ou falso? Justifique sua resposta.

2. Podemos dizer que a multa reparatória se diferencia da multa administrativa pelo destinatário da verba paga? Justifique sua resposta.

3. Quais as naturezas das multas previstas no CTB?
   a. Multa de naturezas civil reparatória e penal.
   b. Multa de naturezas penal e administrativa.
   c. Multa de naturezas administrativa, penal e civil reparatória.
   d. Multa de naturezas penal e administrativa.
   e. Multa de naturezas penal somente.

4. A multa pecuniária, ou multa penal, é resultante da imposição ao condenado do pagamento para o fundo penitenciário de determinada quantia, calculada em dias-multa. Ela pode ser aplicada em conjunto com outras penalidades?
   a. Não, a multa penal não pode ser aplicada de forma cumulada.
   b. Sim, a multa penal pode ser aplicada de forma cumulada com a pena privativa de liberdade.
   c. Não, conforme o art. 292 do CTB, a multa penal não pode ser aplicada de forma cumulada com a pena privativa de liberdade.
   d. Cabe ao juiz optar por uma pena ou outra.
   e. Cabe ao juiz optar pela pena menos gravosa, conforme o caso concreto.

5. Das opções a seguir, qual é a circunstância que agrava e aumenta as penas conforme o CTB?
    a. No caso de crimes cometidos sem dano potencial para duas ou mais pessoas.
    b. Se o agente cometeu o crime com veículo sem placas.
    c. Se o agente que cometeu o crime não é motorista profissional.
    d. Se o agente tem permissão para dirigir ou carteira nacional de habilitação válida.
    e. Se o agente usou veículo com placa do tipo Mercosul.

Questões para reflexão

1. Em sua opinião, levando em consideração a finalidade, qual tipo de multa cumpre melhor a função social: multas reparatórias ou multas administrativas? Por quê?

2. Entre as circunstâncias agravantes previstas no art. 298 do CTB, qual está ligada à profissão ou à atividade desenvolvida pelo agente?

capítulo três

Conceitos das penas previstas no CTB

Conteúdos do capítulo

- Penas aplicáveis aos crimes de trânsito, entre elas: pena de reclusão, detenção, suspensão ou proibição de se obter a carteira nacional de habilitação (CNH).
- Multas reparatórias.
- Situações agravantes.
- Aplicação do perdão judicial.
- Requisitos para a prisão em flagrante.
- Instituto da fiança.

Após o estudo deste capítulo, você será capaz de:

1. discorrer sobre as penas aplicáveis em crimes de trânsito.
2. conceituar pena de reclusão, detenção, suspensão ou proibição de se obter permissão para dirigir (PPD) ou CNH.
3. identificar os casos em que incidirá a multa reparatória.
4. constatar as circunstâncias capazes de agravar a pena.
5. identificar a possibilidade de perdão judicial.
6. verificar os casos em que poderá ser efetuada a prisão em flagrante.
7. reconhecer as hipóteses de aplicação do instituto da fiança.

3.1 Penas aplicáveis aos crimes de trânsito

Quanto às penas previstas para os crimes de trânsito, é importante frisar o disposto no parágrafo 1º do art. 256 do Código de Trânsito Brasileiro (CTB) – Lei n. 9.503, de 23 de setembro de 1997 –, que assim esclarece:

> Art. 256. A autoridade de trânsito, na esfera das competências estabelecidas neste Código e dentro de sua circunscrição, deverá aplicar, às infrações nele previstas, as seguintes penalidades:
>
> [...]
>
> § 1º A aplicação das penalidades previstas neste Código não elide as punições originárias de ilícitos penais decorrentes de crimes de trânsito, conforme disposições de lei. (Brasil, 1997)

Por se tratar de condutas que atraem ao mesmo tempo a penalidade na esfera administrativa e na esfera penal, já nas disposições gerais o legislador refere-se à aplicação concomitante dos dispositivos correspondentes insertos no Código Penal.

As penas privativas de liberdade deverão ser executadas de forma progressiva, segundo o mérito do condenado, observados os critérios e ressalvadas as hipóteses de transferência a regime mais rigoroso, nos termos do art. 33, parágrafo 2º, do Código Penal.

> **Reclusão e detenção**
>
> Art. 33. A pena de reclusão deve ser cumprida em regime fechado, semiaberto ou aberto. A de detenção, em regime semiaberto, ou aberto, salvo necessidade de transferência a regime fechado. (Redação Lei 7.209/1984)

§ 1º Considera-se: (Redação Lei 7.209/1984)

a) regime fechado a execução da pena em estabelecimento de segurança máxima ou média;
b) regime semiaberto a execução da pena em colônia agrícola, industrial ou estabelecimento similar;
c) regime aberto a execução da pena em casa de albergado ou estabelecimento adequado.

§ 2º As penas privativas de liberdade deverão ser executadas em forma progressiva, segundo o mérito do condenado, observados os seguintes critérios e ressalvadas as hipóteses de transferência a regime mais rigoroso: (Redação Lei 7.209/1984)

a) o condenado a pena superior a 8 (oito) anos deverá começar a cumpri-la em regime fechado;
b) o condenado não reincidente, cuja pena seja superior a 4 (quatro) anos e não exceda a 8 (oito), poderá, desde o princípio, cumpri-la em regime semiaberto;
c) o condenado não reincidente, cuja pena seja igual ou inferior a 4 (quatro) anos, poderá, desde o início, cumpri-la em regime aberto.

§ 3º A determinação do regime inicial de cumprimento da pena far-se-á com observância dos critérios previstos no art. 59 deste Código. (Redação Lei 7.209/1984)

§ 4º O condenado por crime contra a administração pública terá a progressão de regime do cumprimento da pena condicionada à reparação do dano que causou, ou à devolução do produto do ilícito praticado, com os acréscimos legais. (Incluído Lei 10.763/2003) (Brasil, 1940, grifo do original)

Reclusão

É uma espécie de pena privativa de liberdade. É a mais grave de todo o ordenamento e deve ser cumprida em regime fechado, semiaberto ou aberto, como prevê o art. 33, *caput*, do Código Penal:

> Art. 33. A pena de reclusão deve ser cumprida em regime fechado, semiaberto ou aberto. A de detenção, em regime semiaberto, ou aberto, salvo necessidade de transferência a regime fechado. (Redação Lei 7.209/1984) (Brasil, 1940)

No CTB, temos a possibilidade da fixação da pena de reclusão nos crimes previstos no art. 302, parágrafo 3º, que dispõe sobre a prática de homicídio culposo na direção de veículo automotor se o agente conduz veículo sob a influência de álcool ou de qualquer outra substância psicoativa que determine dependência. A pena de reclusão pode variar de cinco a oito anos, mais a suspensão ou a proibição do direito de se obter a permissão ou a habilitação para dirigir veículo automotor.

A pena de reclusão também está prevista no art. 303, parágrafo 2º, do CTB, que dispõe sobre a prática de lesão corporal culposa na direção de veículo automotor, se o condutor dirigir com sua capacidade física ou mental alterada por ingestão de álcool ou substância análoga que determine dependência e, dessa conduta, resultar em crime de lesão corporal classificada como grave ou gravíssima. Nesse caso, a pena de reclusão pode variar de dois a cinco anos, sem prejuízo das outras penas.

O art. 308, parágrafos 1º e 2º, do CTB dispõe que aquele que participa, em via pública, de corrida ou disputas automobilísticas na condução de veículo automotor, ou ainda efetuando a demonstração de perícia ou manobras não autorizadas por autoridades competentes, que gerem perigo ou situação de risco à comunidade, e dessas manobras resultem lesão corporal de natureza grave, e as circunstâncias demonstrarem que o agente não quis o resultado nem assumiu o risco de produzi-lo, pode ter a pena privativa de liberdade de reclusão, sem prejuízo das outras penas previstas nesse artigo. Essa pena privativa de liberdade de reclusão pode variar de três a seis anos; segundo o parágrafo 2º do art. 308, se o fato resultar em morte, atribuir-se-á a pena privativa de liberdade de cinco a dez anos de reclusão, sem prejuízo das outras penas previstas.

Detenção

É uma espécie de pena privativa de liberdade imposta por sentença condenatória, aplicada em situações menos graves. Seu cumprimento será iniciado em regime semiaberto ou aberto. Vejamos o art. 33 e seus incisos do Código Penal:

> Art. 33. A pena de reclusão deve ser cumprida em regime fechado, semiaberto ou aberto. A de detenção, em regime semiaberto, ou aberto, salvo necessidade de transferência a regime fechado. (Redação Lei 7.209/1984)
>
> § 1º Considera-se: (Redação Lei 7.209/1984)
>
> a) regime fechado a execução da pena em estabelecimento de segurança máxima ou média;
> b) regime semiaberto a execução da pena em colônia agrícola, industrial ou estabelecimento similar;
> c) regime aberto a execução da pena em casa de albergado ou estabelecimento adequado.
>
> § 2º As penas privativas de liberdade deverão ser executadas em forma progressiva, segundo o mérito do condenado, observados os seguintes critérios e ressalvadas as hipóteses de transferência a regime mais rigoroso: (Redação Lei 7.209/1984)

> a) o condenado a pena superior a 8 (oito) anos deverá começar a cumpri-la em regime fechado;
>
> b) o condenado não reincidente, cuja pena seja superior a 4 (quatro) anos e não exceda a 8 (oito), poderá, desde o princípio, cumpri-la em regime semiaberto;
>
> c) o condenado não reincidente, cuja pena seja igual ou inferior a 4 (quatro) anos, poderá, desde o início, cumpri-la em regime aberto.
>
> § 3º A determinação do regime inicial de cumprimento da pena far-se-á com observância dos critérios previstos no art. 59 deste Código. (Redação Lei 7.209/1984)
>
> § 4º O condenado por crime contra a administração pública terá a progressão de regime do cumprimento da pena condicionada à reparação do dano que causou, ou à devolução do produto do ilícito praticado, com os acréscimos legais. (Incluído Lei 10.763/2003) (Brasil, 1940)

No CTB, temos a previsão da fixação da pena de detenção nos crimes previstos no **art. 302**, *caput*, que se refere à prática de homicídio culposo na direção de veículo automotor cumulada com a suspensão ou proibição de se obter a permissão ou a habilitação para dirigir veículo automotor, conforme o caso, fixando uma pena de detenção de dois a quatro anos mais a suspensão ou a proibição de se obter a permissão ou a habilitação para dirigir veículo automotor.

No **art. 303,** *caput*, do CTB, quando o agente praticar lesão corporal culposa na direção de veículo automotor, é prevista a pena de detenção de seis meses a dois anos, mais a suspensão ou a proibição de se obter a permissão ou a habilitação para dirigir veículo automotor.

Da mesma forma, o **art. 304,** *caput*, do CTB, que trata do condutor que não presta socorro imediato à vítima na ocasião de acidente, desde que possa fazê-lo, ou que deixa de solicitar o socorro, também prevê uma pena de detenção de seis meses a um ano, ou uma multa, desde que desse fato não se constitua um elemento mais grave. Nesse caso, o condutor do veículo pode sofrer as penas previstas nesse artigo, ainda que sua omissão seja suprida por terceiros ou que se trate de vítima com morte instantânea ou com ferimentos leves.

Já o **art. 305**, *caput*, do CTB, que se ocupa do afastamento do condutor do local do acidente e do veículo, com o objetivo de eximir-se da responsabilidade penal ou civil que possa a ele ser imputada, prevê pena de detenção de seis meses a um ano, ou multa.

O **art. 306**, *caput*, do CTB informa que o condutor que dirige com a capacidade física e psicológica alterada pela influência da ingestão de álcool ou outra substância psicoativa que cause dependência poderá receber uma pena de detenção de seis meses a três anos, multa e suspensão ou proibição de se obter a permissão ou a habilitação para dirigir veículo automotor.

O **art. 307**, *caput*, do CTB trata da violação da pena de suspensão ou da proibição de se obter a permissão ou a habilitação imposta por determinação do dispositivo citado. A penalidade é de detenção de seis meses a um ano e multa, com nova imposição adicional de idêntico prazo de suspensão ou de proibição.

Seguindo com a determinação do legislador em penalizar com o regime de detenção, temos o **art. 308**, *caput*, do CTB, que dispõe sobre a participação, na direção de veículo automotor, de corrida, disputa ou competição em via pública, efetuando manobras ou demonstrações sem a devida autorização de autoridade competente, e dessa conduta gerar situação de risco à incolumidade pública ou privada. Esse fato pode acarretar detenção de seis meses a três anos, multa e suspensão ou proibição de se obter a permissão ou a habilitação para dirigir veículo automotor.

O **art. 309** do CTB prevê detenção de seis meses a um ano, ou multa, quando o agente decide conduzir veículo automotor com a habilitação ou a permissão para dirigir cassada ou sem ter a devida habilitação, e com essa conduta gerar perigo de dano.

O **art. 310** do CTB, que dispõe sobre a permissão, a entrega ou a confiança da direção para uma pessoa que não tenha a habilitação, ou que esta esteja cassada ou suspensa, ou que esteja sem condições de dirigir pela influência de álcool ou pelo seu estado psicoemocional, prevê uma pena de detenção de seis meses a um ano, ou multa.

Na mesma seara, temos o **art. 311** do CTB, que trata da condução com excesso de velocidade próximo de escolas, hospitais ou estações de embarque e desembarque de passageiros, ruas estreitas ou locais nos quais a movimentação de pessoas seja grande, gerando perigo de dano. Nesse caso, atribuir-se-á uma pena de detenção de seis meses a um ano, ou multa.

Por fim, o **art. 312** do CTB alude ao ato da inovação em caso de acidente com vítima, no qual o condutor, de forma deliberada e com o objetivo de induzir a erro o agente policial, o perito ou o juiz, altera o local do acidente. Nesse caso, está prevista a pena de detenção de seis meses a um ano, ou multa.

Suspensão ou proibição de se obter PPD ou CNH

É uma espécie de pena prevista para os crimes de homicídio culposo, lesão corporal culposa, embriaguez ao volante, violação de suspensão ou proibição de dirigir e de "racha". A pena de suspensão ou a proibição de se obter a permissão ou a habilitação para dirigir pode ser imposta de forma isolada ou cumulada com outras penalidades. Tem previsão legal de duração mínima de dois meses a cinco anos.

Lembramos que essa suspensão é diferente da suspensão administrativa, pois é penal, já que se trata de crimes de trânsito. Será aplicada pelo juiz da causa como consequência da condenação.

O mesmo procedimento vale para a proibição de tirar a habilitação. Após o trânsito em julgado, o condenado tem o prazo de 48 horas para entregar à autoridade judiciária a PPD ou a CNH. Caso o condenado esteja cumprindo pena restritiva de liberdade, a pena de suspensão ou a proibição passa a valer após o cumprimento dessa pena, ou seja, não se inicia enquanto o condenado estiver recolhido em estabelecimento prisional.

A aplicação da pena de suspensão ou proibição do direito de dirigir pode ocorrer em qualquer fase da investigação criminal e pode ser de ofício ou mediante requerimento do Ministério Público, de representação da autoridade policial ou do próprio juiz, desde que devidamente fundamentada como uma medida cautelar.

Dessa decisão, cabe recurso em sentido estrito, no entanto não tem efeito suspensivo. O órgão de trânsito vinculado ao registro de domicílio do réu será notificado pela autoridade judiciária.

Em caso de reincidência, o juiz aplicará a penalidade de suspensão da habilitação ou da permissão para dirigir, sem prejuízo das demais sanções aplicáveis ao caso concreto.

Multas reparatórias

Correspondem ao pagamento de determinado valor, mediante depósito judicial, em favor da vítima ou de seus sucessores, de determinada quantia, calculada conforme determinação legal do art. 49, parágrafo 1º, do Código Penal. É calculada em dias/pena e pode ser de, no mínimo, dez dias e, no máximo, 360 dias-multa, sempre que houver prejuízo material resultante do crime.

> Art. 49. A pena de multa consiste no pagamento ao fundo penitenciário da quantia fixada na sentença e calculada em dias-multa. Será, no mínimo, de 10 (dez) e, no máximo, de 360 (trezentos e sessenta) dias-multa. (Redação Lei 7.209/1984)
>
> § 1º O valor do dia-multa será fixado pelo juiz não podendo ser inferior a um trigésimo do maior salário mínimo mensal vigente ao tempo do fato, nem superior a 5 (cinco) vezes esse salário. (Redação Lei 7.209/1984)

> [...] (Brasil, 1940)

A multa reparatória não poderá ser superior ao valor do prejuízo demonstrado no processo e, na indenização civil do dano, o valor da multa reparatória será descontado nos termos do art. 297 e parágrafos seguintes do CTB:

> Art. 297. A penalidade de multa reparatória consiste no pagamento, mediante depósito judicial em favor da vítima, ou seus sucessores, de quantia calculada com base no disposto no § 1º do art. 49 do Código Penal, sempre que houver prejuízo material resultante do crime.
>
> § 1º A multa reparatória não poderá ser superior ao valor do prejuízo demonstrado no processo.
>
> § 2º Aplica-se à multa reparatória o disposto nos arts. 50 a 52 do Código Penal.
>
> § 3º Na indenização civil do dano, o valor da multa reparatória será descontado. (Brasil, 1997)

Os arts. de 50 a 52 do Código Penal preveem o parcelamento da referida multa e a suspensão do pagamento caso sobrevenha doença mental ao condenado:

> **Pagamento da multa**
>
> Art. 50. A multa deve ser paga dentro de 10 (dez) dias depois de transitada em julgado a sentença. A requerimento do condenado e conforme as circunstâncias, o juiz pode permitir que o pagamento se realize em parcelas mensais. (Redação Lei 7.209/1984)

§ 1º A cobrança da multa pode efetuar-se mediante desconto no vencimento ou salário do condenado quando: (Incluído Lei 7.209/1984)

a) aplicada isoladamente; (Incluído Lei 7.209/1984)
b) aplicada cumulativamente com pena restritiva de direitos; (Incluído Lei 7.209/1984)
c) concedida a suspensão condicional da pena. (Incluído Lei 7.209/1984)

§ 2º O desconto não deve incidir sobre os recursos indispensáveis ao sustento do condenado e de sua família. (Incluído Lei 7.209/1984)

Conversão da Multa e revogação (Redação Lei 7.209/1984)

Art. 51. Transitada em julgado a sentença condenatória, a multa será considerada dívida de valor, aplicando-se-lhes as normas da legislação relativa à dívida ativa da Fazenda Pública, inclusive no que concerne às causas interruptivas e suspensivas da prescrição. (Redação Lei 9.268/1996) (Vide ADIN 3150)

§ 1º e § 2º (Revogados Lei 9.268/1996)

Suspensão da execução da multa

Art. 52. É suspensa a execução da pena de multa, se sobrevém ao condenado doença mental. (Redação Lei 7.209/1984) (Brasil, 1940, grifo do original)

3.2 Circunstâncias agravantes

Algumas situações elencadas pelo legislador agravam as penalidades dos crimes de trânsito. Entre elas, podemos citar:

- condutas em que o condutor comete uma infração e o dano afeta (além da vítima) outras pessoas;
- grave dano ao patrimônio de terceiros;
- veículo com placas adulteradas, falsificadas ou mesmo sem as placas;
- dirigir sem ter a devida permissão ou com categoria diferente do veículo conduzido;
- evento que envolva motorista profissional, ou quando a atividade exercida exigir cuidados especiais;
- veículos com sistemas de segurança adulterados;
- acidentes ocorridos sobre a faixa de pedestres.

As agravantes somente serão consideradas na segunda fase da fixação da pena, conforme determinação do art. 68 do Código Penal, com relação às penas privativas de liberdade, multa e suspensão ou proibição de se obter a permissão ou habilitação para dirigir veículo automotor.

> Art. 68. A pena-base será fixada atendendo-se ao critério do art. 59 deste Código; em seguida serão consideradas as circunstâncias atenuantes e agravantes; por último, as causas de diminuição e de aumento. (Redação Lei 7.209/1984)
>
> Parágrafo único. No concurso de causas de aumento ou de diminuição previstas na parte especial, pode o juiz limitar-se a um só aumento ou a uma só diminuição, prevalecendo, todavia, a causa que mais aumente ou diminua. (Redação Lei 7.209/1984) (Brasil, 1940)

As circunstâncias que agravam as penalidades aplicáveis aos crimes de trânsito estão previstas no art. 298 do CTB. Vejamos a seguir.

Assumir risco de dano potencial que possa atingir duas ou mais pessoas, ou que cause um risco de grave dano ao patrimônio de terceiros (inciso I do art. 298 do CTB)

O legislador não detalhou quais seriam esses danos especificamente, apenas relacionou dano potencial, ou seja, um dano que poderia ocorrer (não que tenha ocorrido necessariamente). O dano potencial é o mesmo que perigo de dano.

O simples fato de expor pessoas a esse risco já caracteriza agravamento de pena. O legislador não descreveu expressamente quais os casos que poderiam ser agravados, eis que a lista seria infinita, optando por deixar um tipo aberto para enquadrar a conduta do infrator de maneira mais abrangente.

Dirigir veículo com placas adulteradas, placas falsas ou mesmo sem placas de identificação (inciso II do art. 298 do CTB)

As placas são uma das formas externas de identificação do veículo, justamente para facilitar a identificação do responsável pela suposta infração. Logo, o agente que comete um crime nas condições descritas no inciso II do art. 298 merece receber uma reprimenda maior, eis que deliberadamente se utilizou de subterfúgios para dificultar sua identificação e, com isso, tentar eximir-se de responsabilidade.

Na realidade, utilizar-se de placas falsas ou adulteradas evidencia um comportamento criminoso. Sobre o veículo sem placas, devemos diferenciar o veículo zero quilômetro, que tem a possibilidade de transitar pelo período de 15 dias até que seja emitido o primeiro certificado, do veículo usado que tem as placas retiradas para dificultar a identificação.

Dirigir sem ter PPD ou CNH (inciso III do art. 298 do CTB)

Nesse caso, destacamos o termo *sem ter*, pois significa que o indivíduo não tem a devida habilitação. Não podemos confundir essa situação com a hipótese em que o condutor que não portava referido documento, pois se pressupõe que este tenha cumprido todas as determinações e, com isso, tenha sido devidamente habilitado, ou seja, conhece as regras. No entanto, aquele que não tem a permissão ou a habilitação para dirigir não passou pelo crivo do examinador, por isso, não pode, em hipótese alguma, conduzir um veículo. Agiu de forma acertada o legislador ao prever como agravante essa situação.

Dirigir com PPD ou CNH de categoria diferente do veículo conduzido (inciso IV do art. 298 do CTB)

Situação muito semelhante ao caso anterior, eis que os requisitos para determinada categoria são diferentes de outra. Assim, o agente que conduz veículo para o qual não tem o devido treinamento nem habilitação deve ser penalizado de forma mais grave.

As categorias são diferenciadas de acordo a classificação dos veículos, como prevê o CTB em seus arts. 140 a 160 do Capítulo XIV, que trata da habilitação.

A lei não faz distinção entre as categorias, apenas classifica como agravante o fato de o condutor dirigir veículo de categoria diferente para a qual foi devidamente habilitado.

Crime de trânsito provocado por motorista profissional (inciso V do art. 298 do CTB)

O legislador foi bem rigoroso quando atribuiu agravante no caso de motorista profissional, pois se trata de uma categoria diferenciada, o que exige maior cuidado na condução dos veículos. Além dos requisitos dos arts. 26 e seguintes do CTB, cada categoria exige uma habilitação específica, a qual envolve, por exemplo, cargas horárias superiores e cursos específicos, inclusive na área de educação e prevenção, o que justificaria a penalidade agravada em caso de cometimento de crime por essa categoria de condutor.

O legislador levou em conta também as características dos veículos conduzidos por esses motoristas. Normalmente são veículos de médio ou grande porte, que podem causar inúmeras vítimas, além de danos de grandes proporções.

Não há de se comparar o condutor de um veículo de porte pequeno com um motorista de veículo de grande porte, como uma carreta, pois a diferença é latente no dano potencial em caso de desrespeito às normas de segurança.

Dirigir veículo adulterado ou com características que possam afetar a segurança ou o funcionamento com a velocidade limitada pela prescrição do fabricante (inciso VI do art. 298 do CTB)

O CTB, em seus arts. 103 e seguintes, em consonância com diversas resoluções do Conselho Nacional de Trânsito (Contran), estabeleceu o rol de equipamentos de segurança obrigatórios, bem como as condições para qualquer tipo de alteração, supressão ou inclusão de equipamentos.

É uma determinação expressa no art. 98 do CTB, o qual estabelece que nenhum proprietário ou responsável poderá, sem autorização prévia de autoridade competente, fazer ou deixar que sejam feitas modificações no veículo.

> Art. 98. Nenhum proprietário ou responsável poderá, sem prévia autorização da autoridade competente, fazer ou ordenar que sejam feitas no veículo modificações de suas características de fábrica.
>
> Parágrafo único. Os veículos e motores novos ou usados que sofrerem alterações ou conversões são obrigados

> a atender aos mesmos limites e exigências de emissão de poluentes e ruído previstos pelos órgãos ambientais competentes e pelo CONTRAN, cabendo à entidade executora das modificações e ao proprietário do veículo a responsabilidade pelo cumprimento das exigências. (Brasil, 1997)

O agravante, nesse caso, é a alteração sem a prévia autorização e que comprometa a segurança e/ou o funcionamento do veículo.

Cometer crime de trânsito sobre a faixa de pedestre (inciso VII do art. 298 do CTB)

O art. 69 do CTB estabelece regras de segurança para os pedestres. O pedestre tem prioridade de passagem e conclusão de travessia, salvo sinalização semafórica do art. 70. Mas o legislador demonstrou uma preocupação com o pedestre ao estabelecer no parágrafo único do art. 70 que, mesmo nos locais sinalizados por semáforos, o pedestre tem a preferência de conclusão de passagem, mesmo que a luz indicadora seja alterada para a passagem dos veículos.

> Art. 69. Para cruzar a pista de rolamento o pedestre tomará precauções de segurança, levando em conta, principalmente, a visibilidade, a distância e a velocidade dos veículos, utilizando sempre as faixas ou passagens a ele destinadas sempre que estas existirem numa distância de até cinquenta metros dele, observadas as seguintes disposições:
>
> I – onde não houver faixa ou passagem, o cruzamento da via deverá ser feito em sentido perpendicular ao de seu eixo;
>
> II – para atravessar uma passagem sinalizada para pedestres ou delimitada por marcas sobre a pista:

a) onde houver foco de pedestres, obedecer às indicações das luzes;
b) onde não houver foco de pedestres, aguardar que o semáforo ou o agente de trânsito interrompa o fluxo de veículos;
III – nas interseções e em suas proximidades, onde não existam faixas de travessia, os pedestres devem atravessar a via na continuação da calçada, observadas as seguintes normas:
a) não deverão adentrar na pista sem antes se certificar de que podem fazê-lo sem obstruir o trânsito de veículos;
b) uma vez iniciada a travessia de uma pista, os pedestres não deverão aumentar o seu percurso, demorar-se ou parar sobre ela sem necessidade.

Art. 70. Os pedestres que estiverem atravessando a via sobre as faixas delimitadas para esse fim terão prioridade de passagem, exceto nos locais com sinalização semafórica, onde deverão ser respeitadas as disposições deste Código.

Parágrafo único. **Nos locais em que houver sinalização semafórica de controle de passagem será dada preferência aos pedestres que não tenham concluído a travessia, mesmo em caso de mudança do semáforo liberando a passagem dos veículos.** (Brasil, 1997, grifo nosso)

Portanto, cometer crime de trânsito que atinja pedestre que está transitando em faixa própria é uma violação do princípio básico de cuidado. Está correta a postura do legislador em agravar tal conduta.

3.3 Possibilidade de perdão judicial

O art. 107, inciso IX, do Código Penal prevê a possibilidade do perdão judicial como causa extintiva da punibilidade.

Ao analisar o caso concreto, o juiz atentará para verificação das circunstâncias exigidas e, quando concedido, o perdão judicial independe de aceitação.

A sentença que conceder perdão judicial não será considerada para efeitos de reincidência, nos exatos termos do art. 120 do Código Penal. Na hipótese de homicídio culposo e lesão corporal culposa, o juiz poderá deixar de aplicar a pena se as consequências da infração atingirem o próprio agente de forma tão grave que a sanção penal se torne desnecessária, nos termos dos arts. 121, parágrafo 5º, e 129, parágrafo 8º, ambos do Código Penal.

> Art. 107. Extingue-se a punibilidade: (Redação Lei 7.209/1984)
>
> I – pela morte do agente;
>
> II – pela anistia, graça ou indulto;
>
> III – pela retroatividade de lei que não mais considera o fato como criminoso;
>
> IV – pela prescrição, decadência ou perempção;
>
> V – pela renúncia do direito de queixa ou pelo perdão aceito, nos crimes de ação privada;
>
> VI – pela retratação do agente, nos casos em que a lei a admite;
>
> VII – (Revogado Lei 11.106/2005)
>
> VIII – (Revogado Lei 11.106/2005)
>
> IX – **pelo perdão judicial, nos casos previstos em lei.**
>
> [...]

> Art. 120. A sentença que conceder perdão judicial não será considerada para efeitos de reincidência. (Redação dada pela Lei nº 7.209, de 11.7.1984)
>
> [...]
>
> Art. 121. Matar alguém:
>
> [...]
>
> § 5º Na hipótese de homicídio culposo, o juiz poderá deixar de aplicar a pena, se as consequências da infração atingirem o próprio agente de forma tão grave que a sanção penal se torne desnecessária. (Incluído Lei 6.416/1977)
>
> [...]
>
> Art. 129. Ofender a integridade corporal ou a saúde de outrem:
>
> [...]
>
> § 8º Aplica-se à lesão culposa o disposto no § 5º do art. 121. (Redação Lei 8.069/1990) (Brasil, 1940, grifo nosso)

3.4 Prisão em flagrante

A Constituição da República Federativa do Brasil de 1988 é o fundamento de validade de todas as normas jurídicas. Dessa forma, todo o ordenamento pátrio deve ser elaborado, analisado e interpretado de acordo com a nossa Carta Magna.

Ao analisarmos o instituto da prisão em flagrante, devemos sempre ter em mente os objetivos e os princípios delineados pelo poder constituinte originário.

A prisão é a privação da liberdade do indivíduo pelo Estado, afastando-o do convívio social. É tratada nos incisos LXII, LXIV,

LXV, LXVI e LXVII do art. 5º da Constituição Federal de 1988. Estabelece os limites gerais de sua aplicação e versa acerca dos direitos dos presos.

Especificamente sobre a prisão em flagrante, no inciso LXI do já mencionado art. 5º da Constituição da República Federativa do Brasil de 1988, há determinação excepcionando que "ninguém será preso senão em flagrante delito ou por ordem escrita e fundamentada de autoridade judiciária competente, salvo nos casos de transgressão militar ou crime propriamente militar, definidos em lei" (Brasil, 1988).

Cabe às leis infraconstitucionais ou aos atos do Poder Executivo com força de lei, como o Código Penal e o Código de Processo Penal (decretos-lei), tratar minuciosamente do tema.

No CTB, o legislador, para atender à proteção do indivíduo e à preservação da vida, concede o benefício de não lhe ser exigida fiança e tampouco a imposição de prisão em flagrante quando o condutor, em caso de acidente com vítima, prestar pronto e integral socorro à vítima, segundo art. 301 do CTB.

> Art. 301. Ao condutor de veículo, nos casos de acidentes de trânsito de que resulte vítima, não se imporá a prisão em flagrante, nem se exigirá fiança, se prestar pronto e integral socorro àquela. (Brasil, 1997)

3.5 Instituto da fiança

Quanto ao instituto da fiança, as hipóteses de cabimento ou vedações estão previstas nos arts. de 322 a 350 do Código de Processo Penal.

Art. 322. A autoridade policial somente poderá conceder fiança nos casos de infração cuja pena privativa de liberdade máxima não seja superior a 4 (quatro) anos. (Redação Lei 12.403/2011).

Parágrafo único. Nos demais casos, a fiança será requerida ao juiz, que decidirá em 48 (quarenta e oito) horas. (Redação Lei 12.403/2011).

Hipóteses de vedação à aplicação do instituto da fiança:

Art. 323. Não será concedida fiança: (Redação Lei 12.403/2011).

I – nos crimes de racismo; (Redação Lei 12.403/2011).

II – nos crimes de tortura, tráfico ilícito de entorpecentes e drogas afins, terrorismo e nos definidos como crimes hediondos; (Redação Lei 12.403/2011).

III – nos crimes cometidos por grupos armados, civis ou militares, contra a ordem constitucional e o Estado Democrático; (Redação Lei 12.403/2011).

IV – (revogado); (Revogado Lei 12.403/2011).

V – (revogado). (Revogado Lei 12.403/2011).

Art. 324. Não será, igualmente, concedida fiança: (Redação Lei 12.403/2011).

I – aos que, no mesmo processo, tiverem quebrado fiança anteriormente concedida ou infringido, sem motivo justo, qualquer das obrigações a que se referem os arts. 327 e 328 deste Código; (Redação Lei 12.403/2011).

II – em caso de prisão civil ou militar; (Redação Lei 12.403/2011).

III – (revogado); (Revogado Lei 12.403/2011).

IV – quando presentes os motivos que autorizam a decretação da prisão preventiva (art. 312). (Redação Lei 12.403/2011).

Limites e condições à fixação do instituto da fiança:

Art. 325. O valor da fiança será fixado pela autoridade que a conceder nos seguintes limites: (Redação Lei 12.403/2011).

a), b) e c) (Revogados pela Lei 12.403/2011).

I – de 1 (um) a 100 (cem) salários mínimos, quando se tratar de infração cuja pena privativa de liberdade, no grau máximo, não for superior a 4 (quatro) anos; (Incluído Lei 12.403/2011).

II – de 10 (dez) a 200 (duzentos) salários mínimos, quando o máximo da pena privativa de liberdade cominada for superior a 4 (quatro) anos. (Incluído Lei 12.403/2011).

§ 1º Se assim recomendar a situação econômica do preso, a fiança poderá ser: (Redação Lei 12.403/2011).

I – dispensada, na forma do art. 350 deste Código; (Redação Lei 12.403/2011).

II – reduzida até o máximo de 2/3 (dois terços); ou (Redação Lei 12.403/2011).

III – aumentada em até 1.000 (mil) vezes. (Incluído Lei 12.403/2011).

Art. 326. Para determinar o valor da fiança, a autoridade terá em consideração a natureza da infração, as condições pessoais de fortuna e vida pregressa do acusado, as circunstâncias indicativas de sua periculosidade, bem como a importância provável das custas do processo, até final julgamento.

Art. 327. A fiança tomada por termo obrigará o afiançado a comparecer perante a autoridade, todas as vezes que for intimado para atos do inquérito e da instrução criminal e para o julgamento. Quando o réu não comparecer, a fiança será havida como quebrada.

Art. 328. O réu afiançado não poderá, sob pena de quebramento da fiança, mudar de residência, sem prévia permissão da autoridade processante, ou ausentar-se por mais de 8 (oito) dias de sua residência, sem comunicar àquela autoridade o lugar onde será encontrado.

Art. 329. Nos juízos criminais e delegacias de polícia, haverá um livro especial, com termos de abertura e de encerramento, numerado e rubricado em todas as suas folhas pela autoridade, destinado especialmente aos termos de fiança. O termo será lavrado pelo escrivão e assinado pela autoridade e por quem prestar a fiança, e dele extrair-se-á certidão para juntar-se aos autos.

Parágrafo único. O réu e quem prestar a fiança serão pelo escrivão notificados das obrigações e da sanção previstas nos arts. 327 e 328, o que constará dos autos.

Art. 330. A fiança, que será sempre definitiva, consistirá em depósito de dinheiro, pedras, objetos ou metais preciosos, títulos da dívida pública, federal, estadual ou municipal, ou em hipoteca inscrita em primeiro lugar.

§ 1º A avaliação de imóvel, ou de pedras, objetos ou metais preciosos será feita imediatamente por perito nomeado pela autoridade.

§ 2º Quando a fiança consistir em caução de títulos da dívida pública, o valor será determinado pela sua cotação em Bolsa, e, sendo nominativos, exigir-se-á prova de que se acham livres de ônus.

Art. 331. O valor em que consistir a fiança será recolhido à repartição arrecadadora federal ou estadual, ou entregue ao depositário público, juntando-se aos autos os respectivos conhecimentos.

Parágrafo único. Nos lugares em que o depósito não se puder fazer de pronto, o valor será entregue ao escrivão ou pessoa abonada, a critério da autoridade, e dentro de três dias dar-se-á ao valor o destino que lhe assina este artigo, o que tudo constará do termo de fiança.

Art. 332. Em caso de prisão em flagrante, será competente para conceder a fiança a autoridade que presidir ao respectivo auto, e, em caso de prisão por mandado, o juiz que o houver expedido, ou a autoridade judiciária ou policial a quem tiver sido requisitada a prisão.

Art. 333. Depois de prestada a fiança, que será concedida independentemente de audiência do Ministério Público, este terá vista do processo a fim de requerer o que julgar conveniente.

Art. 334. A fiança poderá ser prestada enquanto não transitar em julgado a sentença condenatória. (Redação Lei 12.403/2011).

Art. 335. Recusando ou retardando a autoridade policial a concessão da fiança, o preso, ou alguém por ele, poderá prestá-la, mediante simples petição, perante o juiz competente, que decidirá em 48 (quarenta e oito) horas. (Redação Lei 12.403/2011).

Art. 336. O dinheiro ou objetos dados como fiança servirão ao pagamento das custas, da indenização do dano, da prestação pecuniária e da multa, se o réu for condenado. (Redação Lei 12.403/2011).

Parágrafo único. Este dispositivo terá aplicação ainda no caso da prescrição depois da sentença condenatória (art. 110 do Código Penal). (Redação Lei 12.403/2011).

Art. 337. Se a fiança for declarada sem efeito ou passar em julgado sentença que houver absolvido o acusado ou declarada extinta a ação penal, o valor que a constituir, atualizado, será restituído sem desconto, salvo o disposto no parágrafo único do art. 336 deste Código. (Redação Lei 12.403/2011).

Art. 338. A fiança que se reconheça não ser cabível na espécie será cassada em qualquer fase do processo.

Art. 339. Será também cassada a fiança quando reconhecida a existência de delito inafiançável, no caso de inovação na classificação do delito.

Art. 340. Será exigido o reforço da fiança:

I – quando a autoridade tomar, por engano, fiança insuficiente;

II – quando houver depreciação material ou perecimento dos bens hipotecados ou caucionados, ou depreciação dos metais ou pedras preciosas;

III – quando for inovada a classificação do delito.

Parágrafo único. A fiança ficará sem efeito e o réu será recolhido à prisão, quando, na conformidade deste artigo, não for reforçada.

Art. 341. Julgar-se-á quebrada a fiança quando o acusado: (Redação Lei 12.403/2011).

I – regularmente intimado para ato do processo, deixar de comparecer, sem motivo justo; (Incluído Lei 12.403/2011).

II – deliberadamente praticar ato de obstrução ao andamento do processo; (Incluído Lei 12.403/2011).

III – descumprir medida cautelar imposta cumulativamente com a fiança; (Incluído Lei 12.403/ 2011).

IV – resistir injustificadamente a ordem judicial; (Incluído Lei 12.403/2011).

v – praticar nova infração penal dolosa. (Incluído Lei 12.403/2011).

Art. 342. Se vier a ser reformado o julgamento em que se declarou quebrada a fiança, esta subsistirá em todos os seus efeitos.

Art. 343. O quebramento injustificado da fiança importará na perda de metade do seu valor, cabendo ao juiz decidir sobre a imposição de outras medidas cautelares ou, se for o caso, a decretação da prisão preventiva. (Redação Lei 12.403/2011).

Art. 344. Entender-se-á perdido, na totalidade, o valor da fiança, se, condenado, o acusado não se apresentar para o início do cumprimento da pena definitivamente imposta. (Redação Lei 12.403/2011).

Art. 345. No caso de perda da fiança, o seu valor, deduzidas as custas e mais encargos a que o acusado estiver obrigado, será recolhido ao fundo penitenciário, na forma da lei. (Redação Lei 12.403/2011).

Art. 346. No caso de quebramento de fiança, feitas as deduções previstas no art. 345 deste Código, o valor restante será recolhido ao fundo penitenciário, na forma da lei. (Redação Lei 12.403/ 2011).

Art. 347. Não ocorrendo a hipótese do art. 345, o saldo será entregue a quem houver prestado a fiança, depois de deduzidos os encargos a que o réu estiver obrigado.

Art. 348. Nos casos em que a fiança tiver sido prestada por meio de hipoteca, a execução será promovida no juízo cível pelo órgão do Ministério Público.

Art. 349. Se a fiança consistir em pedras, objetos ou metais preciosos, o juiz determinará a venda por leiloeiro ou corretor.

> Art. 350. Nos casos em que couber fiança, o juiz, verificando a situação econômica do preso, poderá conceder-lhe liberdade provisória, sujeitando-o às obrigações constantes dos arts. 327 e 328 deste Código e a outras medidas cautelares, se for o caso. (Redação Lei 12.403/2011).
>
> Parágrafo único. Se o beneficiado descumprir, sem motivo justo, qualquer das obrigações ou medidas impostas, aplicar-se-á o disposto no § 4o do art. 282 deste Código. (Redação Lei 12.403/2011) (Brasil, 1941b)

Esses são os dispositivos legais que tratam do instituto da fiança, pois cada caso enseja um enquadramento diferenciado, em atenção às circunstâncias e às previsões legais do crime cometido.

Para saber mais

BITENCOURT, C. R. **Código Penal comentado**. 10. ed. São Paulo: Saraiva, 2019.

Recomendamos a leitura do Capítulo 1 dessa obra para obter mais conhecimentos a respeito do que aqui foi abordado.

TARTUCE, F. **Manual de responsabilidade civil**. São Paulo: Método, 2018.

Sugerimos a leitura do Capítulo 12 do livro ora indicado, que traz conteúdo correlato ao tema que analisamos neste capítulo.

Síntese

Neste terceiro capítulo, apresentamos as penas aplicáveis aos crimes de trânsito e as formas de cumprimento.

Também elencamos as hipóteses cabíveis de perdão judicial e os requisitos para a prisão em flagrante.

Por fim, tratamos do instituto da fiança e de sua aplicabilidade.

Questões para revisão

1. As penas privativas de liberdade devem ser executadas de forma progressiva, segundo o mérito do condenado, observados os critérios e ressalvadas as hipóteses de transferência a regime mais rigoroso, nos termos do art. 33, parágrafo 2º, do Código Penal.
O texto anterior é verdadeiro ou falso? Justifique sua resposta.

2. Cite os regimes de cumprimento da pena estabelecidos pelo Código Penal e aplicáveis em caso de condenação por acidente de trânsito.

3. Conforme a pena aplicada, inicia-se o cumprimento da pena em um sistema previamente determinado por lei. Assinale a alternativa que corresponde à previsão legal:
   a. O condenado à pena inferior a oito anos deverá começar a cumpri-la em regime fechado.
   b. O condenado à pena inferior a quatro anos e que não exceda a oito anos poderá cumpri-la em regime fechado.
   c. O condenado à pena superior a oito anos deverá começar a cumpri-la em regime aberto.
   d. O condenado à pena superior a oito anos deverá começar a cumpri-la em regime fechado.
   e. O condenado à pena inferior a quatro anos e que não exceda a oito anos poderá cumpri-la em regime aberto.

4. Com base nos conceitos do regime de pena, assinale a alternativa correta sobre reclusão e detenção:
   a. A detenção é uma espécie de pena privativa de direitos; é a mais grave de todo o ordenamento jurídico.
   b. A reclusão é uma espécie de pena restritiva de direitos e inicia-se no regime aberto.
   c. A detenção inicia-se no regime fechado e não pode haver progressão de regime.
   d. A reclusão é uma espécie de pena privativa de liberdade; é a mais grave de todo o ordenamento jurídico.
   e. A reclusão e a detenção têm o mesmo regime de cumprimento da pena.

5. Assinale a alternativa correta quanto à aplicação do instituto da fiança:
   a. Somente o Poder Judiciário poderá conceder os benefícios do instituto da fiança.
   b. A autoridade policial poderá conceder a fiança nos casos cuja infração tenha previsão legal de pena privativa de liberdade não superior a quatro anos.
   c. A autoridade policial poderá conceder a fiança nos casos cuja infração tenha previsão legal de pena privativa de direitos não superior a quatro anos.
   d. O beneficiário de instituto da fiança anteriormente concedido e não cumprido faz jus a novo benefício.
   e. Por se tratar de crime de trânsito, não cabe o instituto da fiança.

Questões para reflexão

1. Em se tratando de reclusão e detenção, qual determina, inicialmente, o cumprimento da pena em regime fechado? Qual regime é mais gravoso?

2. Quanto ao instituto da fiança, o CTB prevê hipótese em que não se exigirá fiança do condutor que causar acidente de trânsito e tampouco será imposta prisão em flagrante, nos termos do art. 301 do dispositivo legal citado. Qual o objetivo do legislador? Qual(is) o(s) bem(ns) tutelado(s) nesse caso?

capítulo quatro

Conceitos de crimes dolosos, crimes culposos e crimes tentados previstos no CTB

Conteúdos do capítulo

- Conceitos de crime doloso, crime culposo e crime tentado.
- Elementos do crime penal doloso.
- Teoria do dolo e as espécies de dolo: direto, indireto, dolo geral, dolo genérico ou dolo específico e dolo de dano e de perigo.
- Elementos do crime penal culposo: modalidades e graus de culpa.
- Elementos do crime tentado.
- Qualificadoras dos crimes, caso fortuito e força maior.

Após o estudo deste capítulo, você será capaz de:

1. diferenciar os crimes dolosos dos culposos.
2. classificar os crimes de trânsito conforme as consequências desse enquadramento.
3. identificar os elementos dos tipos penais, as espécies de dolo ou culpa, bem como seus elementos constitutivos e suas modalidades.

4.1 Crimes dolosos

Caracterizam-se pela vontade do agente em transgredir a norma penal. O crime doloso é chamado também de *dolo direto*. Quando o agente permite que o advento transgressor se realize, considera-se dolo eventual. O dolo está previsto em nosso ordenamento no art. 18, inciso I, do Código Penal:

> Art. 18. Diz-se o crime: (Redação Lei 7.209/1984)
>
> **Crime doloso** (Incluído Lei 7.209/1984)
>
> I – doloso, quando o agente quis o resultado ou assumiu o risco de produzi-lo; (Incluído Lei 7.209/1984) (Brasil, 1940, grifo do original)

A ninguém é dado alegar o desconhecimento da lei para eximir-se de obrigação legal. Esse é um dos princípios basilares mais antigos do direito. Aplica-se também no âmbito do direito penal aos crimes dolosos, em razão da exigência da tipicidade.

O conhecimento do autor baseia-se no homem médio, não se exigindo um conhecimento técnico sobre o assunto.

Elementos do crime doloso

Dolo, como já conceituamos em tópico anterior, nada mais é do que a vontade do agente em praticar uma conduta tipificada. A **teoria finalista do dolo**, defendida pelo renomado jurista Guilherme de Souza Nucci (2017; 2020), define dolo como a vontade consciente de realizar a conduta típica, ou seja, o indivíduo age de forma que objetive o preenchimento do tipo penal incriminador, pouco importando se ele sabe ou não que realiza algo proibido.

A teoria finalista que foi adotada pelo Código Penal brasileiro advém dessa definição de que o dolo é uma ação do agente, e essa ação deixou de ser mera conduta para tornar-se um comportamento dirigido a um objetivo.

Teorias do dolo

No ordenamento penal brasileiro, duas teorias foram absorvidas: a teoria da vontade e a teoria do assentimento.

Quando há vontade de se obter um resultado e é realizada uma ação para que isso ocorra, o dolo é classificado de acordo com a **teoria da vontade**. Rogerio Greco (2016) é adepto desse conceito.

Quando o agente permite ou aceita o resultado proveniente da sua conduta, o dolo é classificado segundo a **teoria do assentimento**. Nesse caso, o agente, mesmo antevendo o resultado lesivo, não se importa e prossegue em seu intento, assumindo o risco de produzi-lo. Portanto, o agente não quer especificamente aquele resultado, mas sabe do risco e aceita a possibilidade de que ele ocorra.

O legislador pátrio optou por considerar esses dois conceitos em nosso ordenamento. Existem outros, como a teoria da representação, mas, para imputação penal, utilizam-se os conceitos da teoria da vontade e da teoria do assentimento.

Portanto, quando o agente age com dolo, ele previu o resultado e assumiu o risco de produzi-lo (teoria do assentimento) ou desejou o resultado e realizou a conduta (teoria da vontade).

Espécies de dolo

A doutrina classifica vários tipos de dolo. Vamos nos ater aos mais recorrentes em conceitos utilizados pelos doutrinadores e juristas.

Atribui-se **dolo direto** quando a vontade do agente para atingir o resultado danoso é direcionada para a ação em si ou para o resultado. Exemplo: o agente quer matar e mata!

O **dolo indireto ou eventual** ocorre quando o agente prevê e até admite o resultado, mas não o almeja necessariamente, podendo ocorrer o resultado previsto ou outro qualquer. Pode apresentar-se como dolo alternativo ou dolo eventual. Portanto, o condutor assume o risco do resultado, ainda que não o deseje. Exemplo: quando o condutor empreende alta velocidade na direção de veículo automotor.

O primeiro, dolo alternativo, verifica-se quando o indivíduo pratica determinado ato e não sabe qual será o resultado. No segundo, dolo eventual, o agente assume o risco de produzir o resultado; ele admite e aceita esse fato. Não há um querer direto, pois a classificação seria de dolo direto, mas ele sabe que sua conduta pode produzir o resultado e não suspende sua ação por isso.

Dolo direto

Ocorre quando a conduta do agente produz o resultado por ele almejado; é a obtenção daquilo que o indivíduo pretendia quando deu início à sua ação. A conduta do agente direciona para o fim objetivo de produzir um resultado. Como exemplo, temos a situação citada anteriormente: o agente quer matar e mata!

Dolo indireto ou eventual

Na doutrina, não há a adoção de um conceito aceito de forma majoritária, basicamente o dolo indireto verifica-se quando o agente tem sua conduta voltada para um resultado determinado, mas ele vislumbra a possibilidade de um segundo resultado, não sendo necessariamente o desejado, mas que sabe que, eventualmente, ele pode ocorrer, eis que ele está atrelado ao primeiro.

A legislação destaca a possibilidade de ocorrer o fato utilizando a expressão "assumir o risco de produzi-lo". O indivíduo conscientemente não quer o segundo resultado, embora saiba da probabilidade de ocorrer, mas, tendo em vista o objetivo de alcançar o primeiro resultado, ignora a possibilidade do desfecho do segundo.

Exemplo clássico de dolo eventual é quando um agente quer atropelar um desafeto, mas ele está com amigos, seu objetivo é única e exclusivamente atropelar uma pessoa (seu desafeto), mas sabe que, por estarem muito próximos, outras pessoas também poderão ser atingidas, e mesmo diante da possibilidade de atingir terceiros, ele não cessa sua ação, ou seja, mantém sua conduta no sentido de atingir seu objetivo. Como resultado, acaba por atingir seu desafeto, atingindo também terceiro, ou terceiros, no mesmo evento. Nesse exemplo, responderá por dolo direto no primeiro caso e dolo eventual no segundo.

Dolo geral

Ocorre quando o autor, achando que cometeu um crime, pratica uma ação posterior, e é esta que vem a consumar o delito. Na verdade, trata-se de uma hipótese de engano quanto ao meio de execução, mas que termina por determinar o resultado visado.

Como exemplo, podemos citar um indivíduo que, com o objetivo de matar seu desafeto, o atropela. Por imaginar que esteja morto, livra-se do corpo atirando-o em um lago. No entanto, a morte ocorre em razão do afogamento, e não do atropelamento. O dolo geral também é chamado de *erro sucessivo* ou *aberratio causae*.

É um erro sobre a causa, mas não quanto aos elementos do tipo nem quanto à ilicitude do ato. O agente sabe que sua atitude corresponde a um ilícito, no entanto acredita que a primeira conduta é a tipificada, mas, na verdade, é a segunda que é penalizada pelo legislador.

Nesse caso, o agente responderá pelo delito na forma em que pretendia realizar. O dolo é geral e abrange toda a situação, até a consumação, devendo o sujeito ser responsabilizado por seus atos, desprezando-se o erro incidente sobre o nexo causal, por se tratar de um erro meramente acidental.

Dolo genérico e dolo específico

Quanto à distinção entre dolo genérico e dolo específico, Nucci (2020, p. 305) afirma: "A doutrina tradicional costuma fazer diferença entre o dolo genérico, que seria a vontade de praticar a conduta típica, sem qualquer finalidade especial, e o dolo específico, que seria a mesma vontade, embora adicionada de uma especial finalidade".

Como já esclarecemos, nosso ordenamento adotou a teoria finalística da ação. Assim, pune-se toda ação que é dirigida a um fim específico ilícito. Portanto, basta considerar a existência do dolo e de suas finalidades específicas, não mais se distinguindo o dolo genérico ou específico.

4.2 Crimes culposos

Estão previstos no art. 18, parágrafo único, do Código Penal:

> Art. 18. Diz-se o crime: (Redação Lei 7.209/1984)
>
> [...]
>
> **Crime culposo** (Incluído Lei 7.209/1984)
>
> II – culposo, quando o agente deu causa ao resultado por imprudência, negligência ou imperícia. (Incluído Lei 7.209/1984)
>
> Parágrafo único. Salvo os casos expressos em lei, ninguém pode ser punido por fato previsto como crime, senão quando o pratica dolosamente. (Incluído Lei 7.209/1984) (Brasil, 1940, grifo do original)

A regra geral é a punição por crimes dolosos, aqueles em que o indivíduo comete agindo com sua vontade; punições a título culposos são exceções no ordenamento jurídico brasileiro.

A conduta culposa tem como fundamento a justiça social, eis que exige do cidadão comum o comportamento adequado ao convívio em sociedade, levando em consideração a forma como o homem médio agiria. É caracterizada pela forma de agir, que pode ser imprudente, negligente ou com imperícia. O dever de cuidado é o centro da questão para caracterização do tipo penal culposo. Agir com culpa nada mais é do que não respeitar a norma e essa conduta atingir de forma gravosa terceiros.

O querer do agente é desconsiderado, pois, para se agir com culpa, basta que se dê causa ao resultado ilícito, agindo, como destacamos, com negligência, imprudência ou imperícia. Portanto, o resultado ocorrido nunca será desejado nem assumido pelo agente. O resultado se concretizará em razão da falta do dever objetivo de cuidado, ou seja, pelo desacerto nos meios escolhidos pelo agente para atingir seu objetivo.

Elementos do crime culposo

Para que uma conduta seja caracterizada como culposa, vários elementos devem estar presentes, entre eles:

- Conduta voluntária, omissiva (inércia) ou comissiva (ação): desde que a atitude do agente seja voluntária, não há de se falar em caracterização de conduta culposa sem a ocorrência de um desses fatores.
- Inobservância do dever de cuidado, por meio de negligência, imprudência ou imperícia.
- Resultado que causa lesão a terceiros, independentemente da vontade do agente: sua ação não deve ocasionar danos aos bens juridicamente tutelados, hipótese em que não se cogita crime culposo.
- Nexo causal entre a conduta e a ação do agente decorrente da negligência no dever do cuidado, além da previsão legal e da tipificação da conduta na legislação. É evidente ter de haver conexão entre a conduta e o resultado, porém, quanto à previsibilidade da conduta, não há um consenso entre os doutrinadores, eis que a maioria exige que o fato seja previsível ao agente – e quanto a isso não há discordância. Se o fato escapar totalmente da previsibilidade do agente, o resultado não lhe é imputado, mas sim ao caso fortuito ou à força maior.

A conduta do agente é balizada no comportamento do homem médio, levando-se em consideração o comportamento prudente normal, mediano, conforme o caso concreto.

Com relação à previsibilidade, existem duas correntes, uma objetiva e outra subjetiva. A primeira, **objetiva**, visa medir o comportamento do homem médio, homem comum. Já a segunda, **subjetiva**, não acata esse comparativo, eis que seus defensores entendem que cada particularidade do indivíduo deve ser levada em consideração para verificar uma possível previsão ou não.

Lembramos que, para ser reputada como conduta culposa, deve haver previsão legal expressa; caso contrário, será considerada dolosa.

Modalidades de culpa

A **imprudência** é a prática de um ato que o homem com conhecimento médio não o praticaria, pois a possibilidade de danos a terceiros é plausível. O dano não é esperado, mas, pela forma como o agente atua, é previsível. Um exemplo clássico de conduta imprudente é a condução de veículo em excesso de velocidade. O agente não pretende atropelar ninguém, tampouco envolver-se em um sinistro, porém, em razão da imprudência praticada, é perfeitamente possível que isso aconteça.

A **negligência** é conduta omissa ou inerte do agente, que deixa de fazer alguma coisa que a prudência do homem médio recomendaria. Por exemplo, o proprietário de um veículo deixa de trocar pneu careca e dirige em dia de chuva, sabendo que o veículo pode perfeitamente perder a estabilidade. O agente sabe que pode ocasionar um acidente, mas, de forma negligente, não age para resolver a questão.

A **imperícia** é resultante da falta de conhecimento técnico do agente para agir, uma inabilidade, ou seja, trata-se da falta de conhecimento técnico sobre determinada conduta.

Graus de culpa

A culpa pode ser consciente ou inconsciente.

A **culpa consciente** corresponde à ação de um indivíduo que, mesmo ciente da possibilidade da ocorrência de um resultado, crê faticamente que ele não ocorrerá. Também é chamada de *culpa com* *previsão* e, nesse caso, tem características mais graves que a culpa sem previsão. Na culpa consciente, o agente não deseja o resultado, ele não assume que poderá produzi-lo, ou seja, confia de forma plena que não vai ocorrer.

Já a **culpa inconsciente** ocorre quando o agente provoca um ato que seria facilmente previsto seu resultado, mas não percebe. O resultado é previsível, no entanto, não é antevisto pelo agente.

4.3 *Qualificadoras nos crimes de trânsito*

Conforme já abordamos, o art. 298 do CTB estabelece as circunstâncias que agravam as penalidades em caso de crime de trânsito:

> Art. 298. São circunstâncias que sempre agravam as penalidades dos crimes de trânsito ter o condutor do veículo cometido a infração:
>
> I – com dano potencial para duas ou mais pessoas ou com grande risco de grave dano patrimonial a terceiros;
>
> II – utilizando o veículo sem placas, com placas falsas ou adulteradas;
>
> III – sem possuir Permissão para Dirigir ou Carteira de Habilitação;
>
> IV – com Permissão para Dirigir ou Carteira de Habilitação de categoria diferente da do veículo;
>
> V – quando a sua profissão ou atividade exigir cuidados especiais com o transporte de passageiros ou de carga;
>
> VI – utilizando veículo em que tenham sido adulterados equipamentos ou características que afetem a sua segurança ou o seu funcionamento de acordo com os limites de velocidade prescritos nas especificações do fabricante;
>
> VII – sobre faixa de trânsito temporária ou permanentemente destinada a pedestres. (Brasil, 1997)

Para complementar o artigo referido, algumas resoluções do Conselho Nacional de Trânsito (Contran), que é o órgão máximo normativo, também especificaram itens relacionados à segurança e à fidedignidade ao identificador externo dos veículos. Vejamos.

A **Resolução n. 780/2019** dispõe sobre o novo sistema de placas de identificação veicular. Estabelece os critérios que devem ser seguidos para a devida identificação externa do veículo. Se a placa não estiver de acordo com o determinado, a conduta é considerada agravante, conforme o inciso II do art. 298 do CTB.

Já a **Resolução n. 158/2004** estabelece normas e procedimentos para a formação de condutores de veículos automotores e elétricos, a realização dos exames, a expedição de documentos de habilitação, os cursos de formação, especializados e de reciclagem, e dá outras providências. Essa resolução foi alterada pelas Resoluções 169/2005, 222/2007, 285/2008, 347/2010, 360/2010, 409/2012, 413/2012, 422/2012, 435/2013, 455/2013, 484/2014, 493/2014, 572/2015, 659/2017, 683/2017, 685/2017, 705/2017 e 778/2019 (todas elas alteraram e complementaram a redação original).

Além disso, como já vimos, o condutor com habilitação diferente do veículo envolvido em acidente de trânsito também pode ter sua pena agravada em razão desse detalhe. A esse respeito temos a Resolução n. 789/2020 que revogou a Resolução n. 168/2004, que tratava desse tema.

Quadro 4.1 – Tabela de abrangência dos documentos de habilitação – conforme Anexo I da Resolução n. 789/2020

DOCUMENTO DE HABILITAÇÃO	CATEGORIA	ESPECIFICAÇÃO
ACC	–	– Ciclomotores; – Bicicletas dotadas originalmente de motor elétrico auxiliar, bem como aquelas que tiverem o dispositivo motriz agregado posteriormente à sua estrutura, em que se verifique, ao menos, uma das seguintes situações: I – com potência nominal superior a 350 W; II – velocidade máxima superior a 25 km/h; III – funcionamento do motor sem a necessidade de o condutor pedalar; e IV – dispor de acelerador ou de qualquer outro dispositivo de variação manual de potência.
PPD/CNH	A	– Veículos automotores e elétricos, de duas ou três rodas, com ou sem carro lateral ou semirreboque especialmente projetado para uso exclusivo deste veículo; – todos os veículos abrangidos pela ACC. Obs.: Não se aplica a quadriciclos, cuja categoria é a B.
PPD/CNH	B	– Veículos automotores e elétricos, não abrangidos pela categoria A, cujo peso bruto total (PBT) não exceda a 3.500 kg e cuja lotação não exceda a oito lugares, excluído o do motorista; – Combinações de veículos automotores e elétricos em que a unidade tratora se enquadre na categoria B, com unidade acoplada, reboque, semirreboque, trailer ou articulada, desde que a soma das duas unidades não exceda o peso bruto total de 3.500 kg e cuja lotação total não exceda a oito lugares, excluído o do motorista; – Veículos automotores da espécie motor-casa, cujo peso não exceda a 6.000 kg e cuja lotação não exceda a oito lugares, excluído o do motorista; – Tratores de roda e equipamentos automotores destinados a executar trabalhos agrícolas;
		– Quadriciclos de cabine aberta ou fechada.

(continua)

(Quadro 4.1 – conclusão)

DOCUMENTO DE HABILITAÇÃO	CATEGORIA	ESPECIFICAÇÃO
CNH	C	– Veículos automotores e elétricos utilizados em transporte de carga, cujo PBT exceda a 3.500 kg; – Tratores de esteira, tratores mistos ou equipamentos automotores destinados à movimentação de cargas, de terraplanagem, de construção ou de pavimentação; – Veículos automotores da espécie motor-casa, cujo PBT ultrapasse 6.000 kg, e cuja lotação não exceda a oito lugares, excluído o do motorista; – Combinações de veículos automotores e elétricos não abrangidas pela categoria B, em que a unidade tratora se enquadre nas categorias B ou C, e desde que o PBT da unidade acoplada, reboque, semirreboque, trailer ou articulada seja menor que 6.000 kg; – Todos os veículos abrangidos pela categoria B.
CNH	D	– Veículos automotores e elétricos utilizados no transporte de passageiros, cuja lotação exceda a oito lugares, excluído o do condutor; – Veículos destinados ao transporte de escolares independentemente da lotação; – Veículos automotores da espécie motor-casa, cuja lotação exceda a oito lugares, excluído o do motorista; – Ônibus articulado; – Todos os veículos abrangidos nas categorias B e C.
CNH	E	– Combinações de veículos automotores e elétricos em que a unidade tratora se enquadre nas categorias B, C ou D e cuja unidade acoplada, reboque, semirreboque, trailer ou articulada tenha 6.000 kg ou mais de PBT, ou cuja lotação exceda a oito lugares; – Combinações de veículos automotores e elétricos com mais de uma unidade tracionada, independentemente da capacidade máxima de tração ou PBTC; – Todos os veículos abrangidos nas categorias B, C e D.

Fonte: Contran, 2020.

O inciso V do art. 298 do CTB considera como agravante crime cometido por motorista profissional. Essa profissão é regulamentada pela Lei n. 13.103/2015, conhecida como a *Lei do Motorista*, que estabelece normas para regulamentar a rotina de trabalho de motoristas profissionais que fazem o transporte de passageiros e cargas. Essa lei inseriu um capítulo inteiro no CTB, por meio do art. 67-A, com todas as regras pertinentes à classe.

O **inciso VI do art. 98 do CTB** estabelece a proibição de alteração do veículo sem a prévia autorização de autoridade competente, determinando, em seu parágrafo único, que o proprietário tem responsabilidade pelo cumprimento das exigências em caso de alteração ou conversão de motores novos ou usados, a qual deve atender às exigências estabelecidas pelo Contran quanto à emissão de poluentes ou ruídos.

A **Resolução n. 292/2008** foi alterada pelas Resoluções 319/2009, 384/2011, 397/2011, 479/2014 e 847/2021, procedeu modificações nos arts. 98 e 106, ambos do CTB, transcritos a seguir:

> Art. 98. Nenhum proprietário ou responsável poderá, sem prévia autorização da autoridade competente, fazer ou ordenar que sejam feitas no veículo modificações de suas características de fábrica.
>
> Parágrafo único. Os veículos e motores novos ou usados que sofrerem alterações ou conversões são obrigados a atender aos mesmos limites e exigências de emissão de poluentes e ruído previstos pelos órgãos ambientais competentes e pelo CONTRAN, cabendo à entidade executora das modificações e ao proprietário do veículo a responsabilidade pelo cumprimento das exigências.
>
> [...]
>
> Art. 106. No caso de fabricação artesanal ou de modificação de veículo ou, ainda, quando ocorrer substituição de equipamento de segurança especificado pelo fabricante, será exigido, para licenciamento e registro, certificado de segurança expedido por instituição técnica credenciada por órgão ou entidade de metrologia legal, conforme norma elaborada pelo CONTRAN. (Brasil, 1997)

Assim, quem desrespeitar as normas retro e envolver-se em acidente de trânsito poderá ter sua pena agravada em razão dessa determinação legal.

Por fim, temos o **inciso VI do art. 98 do CTB**, que trata das faixas de pedestre, caracterizadas como uma área devidamente sinalizada, na qual o pedestre tem um tratamento diferenciado, uma área de segurança. Por isso, o condutor deve redobrar seu cuidado, sua cautela e, em caso de desrespeito à norma, terá sua pena agravada.

4.4 *Caso fortuito e força maior*

Caso fortuito é um acontecimento não previsível, mas que produz um resultado. Para que seja juridicamente classificado, é imprescindível que o evento não seja previsível. Essa diferenciação é necessária, pois, no dolo, existe a previsão do resultado. Na classificação culposa, há a possibilidade dessa previsão. Já no caso fortuito, isso não existe.

Por exemplo, um atropelamento em que o sistema de freio do veículo apresenta uma falha (que não era previsível) é diferente do atropelamento em que o condutor, ciente da falta de manutenção adequada, continua rodando e, então, o veículo apresenta um defeito que acarreta no atropelamento. Nesta última situação, não há de se falar em caso fortuito, visto que o condutor estava anteriormente ciente de seu dever de cautela e manutenção.

No caso de **força maior**, o resultado advém da própria natureza do homem. Esse evento não poderia ser evitado; ele exclui a vontade, a ação ou a omissão do agente.

O que diferencia os dois institutos é que, no caso fortuito, a imprevisibilidade retira do agente a capacidade de agir, pois ele é surpreendido pelo evento e não consegue dominar o veículo para evitar o acidente. Na força maior, o evento não era previsível.

Parte da doutrina defende a quebra do nexo causal com o fato, pois é um evento repentino, imprevisível, no qual não estão presentes nem o dolo, nem a culpa, não tendo o condão de atribuir responsabilidade ao condutor.

Os institutos são distintos com definições específicas, mas juridicamente produzem os mesmos efeitos. Lembramos, no entanto, que a força maior é aquele evento inevitável, mesmo que seja imprevisível, e que o caso fortuito é caracterizado pela imprevisibilidade.

> *Para saber mais*
>
> NUCCI, G. de S. **Curso de direito processual penal**. 17. ed. Rio de Janeiro: Forense, 2020.
>
> Como complemento doutrinário ao aqui estudado, sugerimos a leitura do Capítulo 2 da obra indicada.
>
> TARTUCE, F. **Manual de responsabilidade civil**. São Paulo: Método, 2018.
>
> Para se aprofundar mais, recomendamos a leitura do Capítulo 4 do livro de Tartuce.

Síntese

Neste capítulo, tratamos dos conceitos de crimes dolosos, crimes culposos e crimes tentados previstos no CTB. Também analisamos as teorias de modalidades de crimes.

Abordamos todos os elementos presentes nos crimes dolosos e culposos e como o legislador os tipificou e lhes atribuiu as penalidades.

Questões para revisão

1. O que caracteriza os crimes dolosos?
2. Sobre o dolo geral, é possível atribuir ao agente erro sobre o fato? Por quê?

3. Quais as classificações do dolo segundo a doutrina tradicional?
   a. Dolo direto e dolo indireto.
   b. Dolo eventual e dolo direto.
   c. Dolo alternativo.
   d. Dolo de resultado.
   e. Dolo direto, dolo indireto e dolo alternativo ou eventual.

4. Crimes culposos são determinados pela ação do agente, que podem ser:
   a. condutas negligentes.
   b. condutas imprudentes.
   c. condutas sem perícia.
   d. condutas negligentes, imprudentes e sem perícia.
   e. condutas com intenção de cometer um crime.

5. Quais os elementos que compõem um crime culposo?
   a. Condutas involuntárias.
   b. Condutas comissivas e omissivas.
   c. Condutas involuntárias e comissivas.
   d. Condutas voluntárias, omissivas e comissivas.
   e. Condutas voluntárias e involuntárias.

Questões para reflexão

1. Entre as modalidades de culpa (imprudência, negligência ou imperícia), qual você considera ser a conduta mais gravosa? Por quê?

2. Qual não é previsível: caso fortuito ou caso de força maior? Por quê?

capítulo cinco

Sanções previstas para crimes de trânsito

Conteúdos do capítulo

* Sanções administrativas e penais aplicadas aos crimes do Código de Trânsito Brasileiro (CTB).
* Crimes específicos previstos no CTB, entre eles: homicídio culposo e as causas de aumento da penalidade, lesão corporal, omissão de socorro e afastamento do local do crime.
* Crimes de trânsito sob a influência de álcool.
* Violação ou proibição de se obter permissão para dirigir (PPD) e carteira nacional de habilitação (CNH).
* Crime de racha.
* Consequências de dirigir sem a devida habilitação e de permitir que uma pessoa não habilitada dirija.
* Consequências de conduzir veículo acima da velocidade em locais específicos.
* Consequência de modificar local de acidente com o objetivo de induzir a erro o perito.

Após o estudo deste capítulo, você será capaz de:

1. distinguir as sanções administrativas das sanções penais aplicadas aos crimes de trânsito em espécie.
2. compreender a finalidade do legislador ao prever os crimes de trânsito em espécie tratados no CTB, com suas definições específicas para cada caso.

5.1 Sanções administrativas aplicadas pelo CTB

Antes de abordarmos os crimes em espécie propriamente ditos, vamos apresentar as sanções previstas no ordenamento de trânsito vigente, pois o legislador expressamente determinou quais seriam no Capítulo XVI Código de Trânsito Brasileiro – Lei n. 9.503, de 23 de setembro de 1997 –, a saber:

> Art. 256. A autoridade de trânsito, na esfera das competências estabelecidas neste Código e dentro de sua circunscrição, deverá aplicar, às infrações nele previstas, as seguintes penalidades:
>
> I – advertência por escrito;
> II – multa;
> III – suspensão do direito de dirigir;
> IV – (Revogado pela Lei 13.281/2016)
> V – cassação da Carteira Nacional de Habilitação;
> VI – cassação da Permissão para Dirigir;
> VII – frequência obrigatória em curso de reciclagem.
>
> [...] (Brasil, 1997)

Vamos discorrer sobre cada uma das sanções administrativas para conceituá-las.

Aplica-se a penalidade de **advertência** em substituição à multa propriamente dita; é uma repreensão ao condutor, mas de cunho mais pedagógico do que punitivo, uma oportunidade para o condutor infrator que não cometeu infração semelhante nos últimos 12 meses de não ser penalizado pecuniariamente, desde que a infração cometida seja classificada como leve ou média. Essa possibilidade está prevista no inciso I do art. 256 do CTB.

A penalidade prevista no inciso II do art. 256 do CTB refere-se à **multa** de cunho pecuniário, decorrente de uma infração cometida. Sua classificação de gravidade é feita em quatro categorias, com os valores respectivos, previstos no art. 258 do CTB (dados de maio de 2020):

- infração gravíssima: R$ 293,47 + 7 pontos na CNH;
- infração grave: R$ 195,23 + 5 pontos na CNH;
- infração média: R$ 130,16 + 4 pontos na CNH;
- infração leve: R$ 88,38 + 3 pontos na CNH (Brasil, 1997).

Lembramos que, ao atingir 20 pontos no período de 12 meses, será imposta a penalidade de suspensão do direito de dirigir. Portanto, para cada infração cometida serão atribuídos os pontos respectivos, exceção às penalidades que por si só já determinam a suspensão do direito de dirigir.

O recolhimento do valor pecuniário da multa não caracteriza reconhecimento de culpabilidade, conforme Súmula n. 434 do Superior Tribunal de Justiça (STJ):

> Súmula 434 – O pagamento da multa por infração de trânsito não inibe a discussão judicial do débito (Primeira Seção, julgado em 24/03/2010, DJe 13/05/2010). (STJ, 2020, p. 387)

Ao condutor infrator, cabe o questionamento da autuação, e ele pode recorrer ao órgão notificador sem a necessidade de efetuar o pagamento da infração. O recurso tem efeito suspensivo. Existem duas instâncias recursais administrativas:

1. A primeira é a Junta Administrativa de Recursos e Infrações (Jari).
2. Caso o questionamento não seja deferido pela Jari, o condutor infrator pode recorrer ao Conselho Estadual de Trânsito (Cetran) de seu estado ou ao Conselho de Trânsito do Distrito Federal (Contrandife). Com a decisão do Cetran ou do Contrandife, encerra-se o questionamento no âmbito administrativo.

O inciso III do art. 256 do CTB prevê a penalidade de **suspensão do direito de dirigir**, que é a retirada da licença para conduzir veículo.

Nada mais é do que a revogação temporária da permissão concedida pelo Estado, pois o licenciado não teria cumprido as determinações que fizeram com que adquirisse tal direito.

Além da previsão legal nos arts. 261 e 263, incisos I e II, do CTB, o Contran, por meio das Resoluções n. 844/2021 e n. 723/2018, dispõe sobre a uniformização do procedimento administrativo para imposição das penalidades de suspensão do direito de dirigir e de cassação do documento de habilitação, bem como sobre o curso preventivo de reciclagem.

O inciso IV do art. 256 do CTB foi revogado pela Lei n. Lei n. 13.281, de 4 de maio de 2016, lei que alterou o maior número de artigos do CTB desde a sua promulgação.

O inciso V do art. 256 do CTB prevê a **cassação da CNH**, representando a retirada de forma permanente da licença para dirigir, o que possibilita que o apenado retorne à condição de motorista após cumprir o período determinado pela justiça, mas deverá iniciar o processo todo novamente, como se permissionário fosse. A Resolução n. 723/2018 do Contran também legisla sobre esse tema.

O inciso VI do art. 256 do CTB aborda a **cassação da PPD**, documento que antecede a habilitação definitiva, com validade de um ano. Após esse prazo, a PPD seria convertida em CNH definitiva, mas somente se o permissionário não cometer nenhuma falta grave ou gravíssima, ou ser reincidente em infração média no decorrer desse período probatório, como prevê o art. 148, parágrafos 3º e 4º, do CTB.

Por fim, a previsão do inciso VII do art. 256 do CTB trata da **frequência obrigatória em curso de reciclagem**. É uma penalidade administrativa de trânsito, na qual o infrator tem aulas teóricas sobre legislação de trânsito. Esse tema foi normatizado pela Resolução n. 789/2020.

O parágrafo 1º do art. 256 do CTB dispõe sobre a possibilidade de aplicação das penalidades e não descarta punições originárias de ilícitos penais decorrentes de crimes de trânsito. Isso significa que o condutor pode ser penalizado tanto administrativa quanto criminalmente por um ato. Várias infrações têm essa prerrogativa de punição. Vejamos alguns exemplos a seguir.

Infração prevista no art. 162, inciso I, do CTB

> Art. 162. Dirigir veículo:
>
> I – sem possuir Carteira Nacional de Habilitação, Permissão para Dirigir ou Autorização para Conduzir Ciclomotor: (Redação Lei 13.281/2016)
>
> Infração – gravíssima; (Redação Lei 13.281/2016)
>
> Penalidade – multa (três vezes); (Redação Lei 13.281/2016)
>
> Medida administrativa – retenção do veículo até a apresentação de condutor habilitado; (Incluído Lei 13.281/2016)
>
> [...] (Brasil, 1997)

Crime previsto no art. 309 do CTB

> Art. 309. Dirigir veículo automotor, em via pública, sem a devida Permissão para Dirigir ou Habilitação ou, ainda, se cassado o direito de dirigir, gerando perigo de dano:
>
> Penas – detenção, de seis meses a um ano, ou multa. (Brasil, 1997)

Infração prevista no art. 176, inciso I, do CTB

> Art. 176. Deixar o condutor envolvido em acidente com vítima:
>
> I – de prestar ou providenciar socorro à vítima, podendo fazê-lo;
>
> [...] (Brasil, 1997)

Nesse caso, se o condutor agir dessa forma, vai responder também pelo crime previsto no art. 304 do mesmo diploma legal.

> Art. 304. Deixar o condutor do veículo, na ocasião do acidente, de prestar imediato socorro à vítima, ou, não podendo fazê-lo diretamente, por justa causa, deixar de solicitar auxílio da autoridade pública:
>
> Penas – detenção, de seis meses a um ano, ou multa, se o fato não constituir elemento de crime mais grave.
>
> Parágrafo único. Incide nas penas previstas neste artigo o condutor do veículo, ainda que a sua omissão seja suprida por terceiros ou que se trate de vítima com morte instantânea ou com ferimentos leves. (Brasil, 1997)

Infração prevista no art. 176, inciso III, do CTB

> Art. 176. Deixar o condutor envolvido em acidente com vítima:
>
> [...]
>
> III – de preservar o local, de forma a facilitar os trabalhos da polícia e da perícia;
>
> [...]
>
> Infração – gravíssima;
>
> Penalidade – multa (cinco vezes) e suspensão do direito de dirigir;
>
> Medida administrativa – recolhimento do documento de habilitação. (Brasil, 1997)

Se o condutor agir dessa forma, ainda responderá pelo crime previsto no art. 312 do mesmo diploma legal.

> Art. 312. Inovar artificiosamente, em caso de acidente automobilístico com vítima, na pendência do respectivo procedimento policial preparatório, inquérito policial ou processo penal, o estado de lugar, de coisa ou de pessoa, a fim de induzir a erro o agente policial, o perito, ou juiz:
>
> Penas – detenção, de seis meses a um ano, ou multa.
>
> Parágrafo único. Aplica-se o disposto neste artigo, ainda que não iniciados, quando da inovação, o procedimento preparatório, o inquérito ou o processo aos quais se refere. (Brasil, 1997)

Outros exemplos ilustram a possibilidade de enquadramento administrativo e criminal, respondendo o autor nas duas esferas. Vejamos.

Infração prevista no art. 220, inciso XIV, do CTB

> Art. 220. Deixar de reduzir a velocidade do veículo de forma compatível com a segurança do trânsito:
>
> [...]
>
> XIII – ao ultrapassar ciclista: Infração – gravíssima; Penalidade – multa;
>
> XIV – nas proximidades de escolas, hospitais, estações de embarque e desembarque de passageiros ou onde haja intensa movimentação de pedestres:
>
> Infração – gravíssima;
>
> Penalidade – multa. (Brasil, 1997)

Crime previsto no art. 311 do CTB

> Art. 311. Trafegar em velocidade incompatível com a segurança nas proximidades de escolas, hospitais, estações de embarque e desembarque de passageiros, logradouros estreitos, ou onde haja grande movimentação ou concentração de pessoas, gerando perigo de dano:
>
> Penas – detenção, de seis meses a um ano, ou multa. (Brasil, 1997)

Logo, o condutor responderá nas duas esferas: na administrativa, prevista no art. 220, inciso XIV, do CTB, e na criminal, prevista no art. 311 do CTB. Ressaltamos que o cerne da conduta é praticamente o mesmo, só com reflexos repressivos em esferas diferentes.

Apresentamos apenas alguns exemplos de penalidades no âmbito administrativo e criminal, mas há casos em que o agente pode ser penalizado apenas em uma das esferas, administrativa ou penal. O caso mais comum é do condutor infrator submetido ao teste de etilômetro que afere valor até 0,33 mg/L; nesse caso, vai responder somente por infração administrativa prevista no art. 165 do CTB:

> Art. 165. Dirigir sob a influência de álcool ou de qualquer outra substância psicoativa que determine dependência: (Redação Lei 11.705/2008)
>
> Infração – gravíssima; (Redação Lei 11.705/2008)
>
> Penalidade – multa (dez vezes) e suspensão do direito de dirigir por 12 (doze) meses. (Redação Lei 12.760/2012)
>
> Medida administrativa – recolhimento do documento de habilitação e retenção do veículo, observado o disposto no § 4º do art. 270 da Lei no 9.503, de 23 de setembro de 1997 – do Código de Trânsito Brasileiro. (Redação Lei 12.760/2012)

> Parágrafo único. Aplica-se em dobro a multa prevista no caput em caso de reincidência no período de até 12 (doze) meses. (Redação Lei 12.760/2012)
>
> [...] (Brasil, 1997)

Nessa hipótese, o infrator só responderá pela infração administrativa, e não pelo crime previsto no art. 306 do CTB, eis que a quantidade aferida não configura crime de embriaguez:

> Art. 306. Conduzir veículo automotor com capacidade psicomotora alterada em razão da influência de álcool ou de outra substância psicoativa que determine dependência: (Redação Lei 12.760/2012)
>
> Penas – detenção, de seis meses a três anos, multa e suspensão ou proibição de se obter a permissão ou a habilitação para dirigir veículo automotor.
>
> § 1º As condutas previstas no caput serão constatadas por: (Incluído Lei 12.760/2012)
>
> I – concentração igual ou superior a 6 decigramas de álcool por litro de sangue ou igual ou superior a 0,3 miligrama de álcool por litro de ar alveolar; (Incluído Lei 12.760/2012)
>
> [...] (Brasil, 1997)

Seguindo o raciocínio das penalidades previstas no CTB, destacamos a previsão de informação da penalidade aplicada aos órgãos que mantêm o registro do condutor, de acordo com o parágrafo 3º do art. 261 do CTB, que determina que a imposição da penalidade será comunicada aos órgãos ou às entidades executivos de trânsito responsáveis pelo licenciamento do veículo e pela habilitação do condutor.

As penalidades previstas pelo legislador não contemplam apenas o condutor do veículo, mas podem ser estendidas a outras figuras, inteligência do art. 257 do CTB, a saber:

> Art. 257. As penalidades serão impostas ao condutor, ao proprietário do veículo, ao embarcador e ao transportador, salvo os casos de descumprimento de obrigações e deveres impostos a pessoas físicas ou jurídicas expressamente mencionadas neste Código.
>
> § 1º Aos proprietários e condutores de veículos serão impostas concomitantemente as penalidades de que trata este Código toda vez que houver responsabilidade solidária em infração dos preceitos que lhes couber observar, respondendo cada um de per si pela falta em comum que lhes for atribuída.
>
> § 2º Ao proprietário caberá sempre a responsabilidade pela infração referente à prévia regularização e preenchimento das formalidades e condições exigidas para o trânsito do veículo na via terrestre, conservação e inalterabilidade de suas características, componentes, agregados, habilitação legal e compatível de seus condutores, quando esta for exigida, e outras disposições que deva observar.
>
> § 3º Ao condutor caberá a responsabilidade pelas infrações decorrentes de atos praticados na direção do veículo.
>
> § 4º O embarcador é responsável pela infração relativa ao transporte de carga com excesso de peso nos eixos ou no peso bruto total, quando simultaneamente for o único remetente da carga e o peso declarado na nota fiscal, fatura ou manifesto for inferior àquele aferido.

§ 5º O transportador é o responsável pela infração relativa ao transporte de carga com excesso de peso nos eixos ou quando a carga proveniente de mais de um embarcador ultrapassar o peso bruto total.

§ 6º O transportador e o embarcador são solidariamente responsáveis pela infração relativa ao excesso de peso bruto total, se o peso declarado na nota fiscal, fatura ou manifesto for superior ao limite legal.

§ 7º Quando não for imediata a identificação do infrator, o principal condutor ou o proprietário do veículo terá o prazo de 30 (trinta) dias, contado da notificação da autuação, para apresentá-lo, na forma em que dispuser o Contran, e, transcorrido o prazo, se não o fizer, será considerado responsável pela infração o principal condutor ou, em sua ausência, o proprietário do veículo. (Redação Lei 13.495/2017)

§ 8º Após o prazo previsto no parágrafo anterior, não havendo identificação do infrator e sendo o veículo de propriedade de pessoa jurídica, será lavrada nova multa ao proprietário do veículo, mantida a originada pela infração, cujo valor é o da multa multiplicada pelo número de infrações iguais cometidas no período de doze meses.

§ 9º O fato de o infrator ser pessoa jurídica não o exime do disposto no § 3º do art. 258 e no art. 259.

§ 10 O proprietário poderá indicar ao órgão executivo de trânsito o principal condutor do veículo, o qual, após aceitar a indicação, terá seu nome inscrito em campo próprio do cadastro do veículo no Renavam. (Incluído Lei 13.495/2017)

§ 11 O principal condutor será excluído do Renavam: (Incluído Lei 13.495/2017)

I – quando houver transferência de propriedade do veículo; (Incluído Lei 13.495/2017)

II – mediante requerimento próprio ou do proprietário do veículo; (Incluído Lei 13.495/2017)

III – a partir da indicação de outro principal condutor. (Incluído Lei 13.495/2017) (Brasil, 1997)

No art. 258 do CTB, o legislador classifica as infrações em categorias:

Art. 258. As infrações punidas com multa classificam-se, de acordo com sua gravidade, em quatro categorias:

I – infração de natureza gravíssima, punida com multa no valor de R$ 293,47 (duzentos e noventa e três reais e quarenta e sete centavos); (Redação Lei 13.281/2016)

II – infração de natureza grave, punida com multa no valor de R$ 195,23 (cento e noventa e cinco reais e vinte e três centavos); (Redação Lei 13.281/2016)

III – infração de natureza média, punida com multa no valor de R$ 130,16 (cento e trinta reais e dezesseis centavos); (Redação Lei 13.281/2016)

IV – infração de natureza leve, punida com multa no valor de R$ 88,38 (oitenta e oito reais e trinta e oito centavos). (Redação Lei 13.281/2016)

§ 1º(Revogado). (Redação Lei 13.281/2016)

§ 2º Quando se tratar de multa agravada, o fator multiplicador ou índice adicional específico é o previsto neste Código.

[...] (Brasil, 1997)

No art. 259 do CTB, conforme a classificação da infração, é feito o estabelecimento de uma pontuação que será considerada para o cálculo e o fechamento dos pontos (previsto no art. 261 do mesmo diploma legal), a qual poderá suspender a CNH ou PPD do condutor infrator.

> Art. 259. A cada infração cometida são computados os seguintes números de pontos:
>
> I – gravíssima – sete pontos;
>
> II – grave – cinco pontos;
>
> III – média – quatro pontos;
>
> IV – leve – três pontos.
>
> § 1º (VETADO)
>
> § 2º (VETADO)
>
> § 3º (VETADO) (Incluído Lei 12.619/2012)
>
> § 4º Ao condutor identificado será atribuída pontuação pelas infrações de sua responsabilidade, nos termos previstos no § 3º do art. 257 deste Código, exceto aquelas: I – praticadas por passageiros usuários do serviço de transporte rodoviário de passageiros em viagens de longa distância transitando em rodovias com a utilização de ônibus, em linhas regulares intermunicipal, interestadual, internacional e aquelas em viagem de longa distância por fretamento e turismo ou de qualquer modalidade, excluídas as situações regulamentadas pelo Contran conforme disposto no art. 65 deste Código; II – previstas no art. 221, nos incisos VII e XXI do art. 230 e nos arts. 232, 233, 233-A, 240 e 241 deste Código, sem prejuízo da aplicação das penalidades e medidas administrativas cabíveis; III – puníveis de forma específica com suspensão do direito de dirigir. (Incluído Lei 13.103/2015) (Brasil, 1997)

As penalidades aplicadas, com os valores atribuídos nos dispositivos anteriores, são de responsabilidade do órgão de trânsito sobre a via, cabendo a este arrecadar os valores, conforme previsão do art. 260 do CTB, a saber:

> Art. 260. As multas serão impostas e arrecadadas pelo órgão ou entidade de trânsito com circunscrição sobre a via onde haja ocorrido a infração, de acordo com a competência estabelecida neste Código.
>
> § 1º As multas decorrentes de infração cometida em unidade da Federação diversa da do licenciamento do veículo serão arrecadadas e compensadas na forma estabelecida pelo CONTRAN.
>
> § 2º As multas decorrentes de infração cometida em unidade da Federação diversa daquela do licenciamento do veículo poderão ser comunicadas ao órgão ou entidade responsável pelo seu licenciamento, que providenciará a notificação.
>
> § 3º (Revogado Lei 9.602/1998)
>
> § 4º Quando a infração for cometida com veículo licenciado no exterior, em trânsito no território nacional, a multa respectiva deverá ser paga antes de sua saída do País, respeitado o princípio de reciprocidade. (Brasil, 1997)

O Capítulo XVI do CTB, que trata das penalidades, é um dos mais importantes para o condutor, visto que rege a classificação de infrações, a pontuação, os valores de multas, entre outras normas que devem ser respeitadas para a manutenção da CNH ou da PPD. O art. 261 do CTB não é diferente, já que prevê os casos em que o condutor poderá ter sua licença suspensa:

Art. 261. A penalidade de suspensão do direito de dirigir será imposta nos seguintes casos:

I – sempre que, conforme a pontuação prevista no art. 259 deste Código, o infrator atingir, no período de 12 (doze) meses, a seguinte contagem de pontos: a) 20 (vinte) pontos, caso constem 2 (duas) ou mais infrações gravíssimas na pontuação; b) 30 (trinta) pontos, caso conste 1 (uma) infração gravíssima na pontuação; c) 40 (quarenta) pontos, caso não conste nenhuma infração gravíssima na pontuação; (Incluído Lei 13.281/2016)

II – por transgressão às normas estabelecidas neste Código, cujas infrações preveem, de forma específica, a penalidade de suspensão do direito de dirigir. (Incluído Lei 13.281/2016)

§ 1º Os prazos para aplicação da penalidade de suspensão do direito de dirigir são os seguintes: (Redação Lei 13.281/2016)

I – no caso do inciso I do **caput**: de 6 (seis) meses a 1 (um) ano e, no caso de reincidência no período de 12 (doze) meses, de 8 (oito) meses a 2 (dois) anos; (Incluído Lei 13.281/2016)

II – no caso do inciso II do **caput**: de 2 (dois) a 8 (oito) meses, exceto para as infrações com prazo descrito no dispositivo infracional, e, no caso de reincidência no período de 12 (doze) meses, de 8 (oito) a 18 (dezoito) meses, respeitado o disposto no inciso II do art. 263. (Incluído Lei 13.281/2016)

§ 2º Quando ocorrer a suspensão do direito de dirigir, a Carteira Nacional de Habilitação será devolvida a seu titular imediatamente após cumprida a penalidade e o curso de reciclagem.

§ 3º A imposição da penalidade de suspensão do direito de dirigir elimina a quantidade de pontos computados, prevista no inciso I do caput ou no § 5º deste artigo, para fins de contagem subsequente. (Incluído Lei 12.547/2011)

§ 4º (VETADO). (Incluído Lei 12.619/2012)

§ 5º No caso do condutor que exerce atividade remunerada ao veículo, a penalidade de suspensão do direito de dirigir de que trata o caput deste artigo será imposta quando o infrator atingir o limite de pontos previsto na alínea c do inciso I do caput deste artigo, independentemente da natureza das infrações cometidas, facultado a ele participar de curso preventivo de reciclagem sempre que, no período de 12 (doze) meses, atingir 30 (trinta) pontos, conforme regulamentação do Contran. (Redação Lei 13.281/2016)

§ 6º Concluído o curso de reciclagem previsto no § 5º, o condutor terá eliminados os pontos que lhe tiverem sido atribuídos, para fins de contagem subsequente. (Incluído Lei 13.154/2015)

§ 7º O motorista que optar pelo curso previsto no § 5º não poderá fazer nova opção no período de 12 (doze) meses. (Redação Lei 13.281/2016)

§ 8º A pessoa jurídica concessionária ou permissionária de serviço público tem o direito de ser informada dos pontos atribuídos, na forma do art. 259, aos motoristas que integrem seu quadro funcional, exercendo atividade remunerada ao volante, na forma que dispuser o Contran. (Incluído Lei 13.154/2015)

§ 9º Incorrerá na infração prevista no inciso II do art. 162 o condutor que, notificado da penalidade de que

> trata este artigo, dirigir veículo automotor em via pública. (Incluído pela Lei 13.281/2016)
>
> § 10 O processo de suspensão do direito de dirigir a que se refere o inciso II do caput deste artigo deverá ser instaurado concomitantemente ao processo de aplicação da penalidade de multa, e ambos serão de competência do órgão ou entidade responsável pela aplicação da multa, na forma definida pelo Contran. (Incluído Lei 13.281/2016)
>
> § 11 O Contran regulamentará as disposições deste artigo. (Incluído Lei 13.281/2016) (Brasil, 1997, grifo do original)

Na sequência, o legislador estabelece quais as possibilidades de cassação da CNH:

> Art. 263. A cassação do documento de habilitação dar-se-á:
>
> I – quando, suspenso o direito de dirigir, o infrator conduzir qualquer veículo;
>
> II – no caso de reincidência, no prazo de doze meses, das infrações previstas no inciso III do art. 162 e nos arts. 163, 164, 165, 173, 174 e 175;
>
> III – quando condenado judicialmente por delito de trânsito, observado o disposto no art. 160.
>
> § 1º Constatada, em processo administrativo, a irregularidade na expedição do documento de habilitação, a autoridade expedidora promoverá o seu cancelamento.
>
> § 2º Decorridos dois anos da cassação da Carteira Nacional de Habilitação, o infrator poderá requerer sua reabilitação, submetendo-se a todos os exames necessários à habilitação, na forma estabelecida pelo CONTRAN. (Brasil, 1997)

Seguindo o processo administrativo, o legislador determina a possibilidade de o penalizado recorrer caso não concorde com a penalidade imposta. Para questionar os pontos que ensejaram a suspensão ou a cassação da CNH ou PPD, poderá combater os termos que fundamentaram a decisão. Os critérios para apresentação de defesa, recursos ou outros requerimentos deverão seguir o que está disposto na Resolução n. 299/2008 do Contran, que foi alterada pela Resolução n. 692/2017.

> Art. 265. As penalidades de suspensão do direito de dirigir e de cassação do documento de habilitação serão aplicadas por decisão fundamentada da autoridade de trânsito competente, em processo administrativo, assegurado ao infrator amplo direito de defesa. (Brasil, 1997)

Para cada infração cometida, o legislador atribuiu uma pontuação específica e uma classificação, e o infrator responderá individualmente por elas, como determina o art. 266 do CTB.

> Art. 266. Quando o infrator cometer, simultaneamente, duas ou mais infrações, ser-lhe-ão aplicadas, cumulativamente, as respectivas penalidades. (Brasil, 1997)

Na linha penalizadora instituída pelo legislador no Capítulo XVI do CTB, o art. 267, com a nova redação dada pela Lei n. 14.071/2020 impõe à penalidade de advertência, desde que cumpra os requisitos estabelecidos, a saber:

> Art. 267. Deverá ser imposta a penalidade de advertência por escrito à infração de natureza leve ou média, passível de ser punida com multa, caso o infrator não tenha cometido nenhuma outra infração nos últimos 12 (doze) meses. § 1º REVOGADO § 2º REVOGADO.

> § 1º A aplicação da advertência por escrito não elide o acréscimo do valor da multa prevista no § 3º do art. 258, imposta por infração posteriormente cometida.
>
> § 2º O disposto neste artigo aplica-se igualmente aos pedestres, podendo a multa ser transformada na participação do infrator em cursos de segurança viária, a critério da autoridade de trânsito. (Brasil, 1997)

Em seguida, o legislador define que o condutor contumaz, o que se envolveu em acidente, o condenado judicialmente ou aquele que a qualquer tempo coloque em risco a segurança do trânsito, deverá se submeter a um curso de reciclagem, que era normatizado por inúmeras resoluções, as quais em 1º de julho de 2020, foram compiladas na Resolução n. 789/2020 e que revogou as seguintes Resoluções: 168/2004, 169/2005, 222/2007, 285/2008, 307/2009, 358/2010, 409/2012, 411/2012, 413/2012, 415/2012, 420/2012, 421/2012, 422/2012, 435/13, 455/13, 464/13, 473/14, 484/2014, 493/2014, 522/2015, 523/2015, 542/2015, 543/2015, 571/2015, 572/2015, 579/2016, 621/2016, 633/2016, 653/2017, 658/2017, 659/2017, 683/2017, 685/2017, 705/2017, 725/2018, 726/2018, 766/2018 e 778/2019.

O art. 268 do CTB informa quando será estabelecido o curso de reciclagem, a saber:

> Art. 268. O infrator será submetido a curso de reciclagem, na forma estabelecida pelo CONTRAN:
>
> I – REVOGADO
> II – quando suspenso do direito de dirigir;
> III – quando se envolver em acidente grave para o qual haja contribuído, independentemente de processo judicial;
> IV – quando condenado judicialmente por delito de trânsito;

V – a qualquer tempo, se for constatado que o condutor está colocando em risco a segurança do trânsito;

VI – REVOGADO

Parágrafo único – Além do curso de reciclagem previsto no caput deste artigo, o infrator será submetido à avaliação psicológica nos casos dos incisos III, IV e V do caput deste artigo. (Incluído pela Lei nº 14.071, de 2020) (Vigência) (Parte promulgada pelo Congresso Nacional).

Art. 268-A. Fica criado o Registro Nacional Positivo de Condutores (RNPC), administrado pelo órgão máximo executivo de trânsito da União, com a finalidade de cadastrar os condutores que não cometeram infração de trânsito sujeita à pontuação prevista no art. 259 deste Código, nos últimos 12 (doze) meses, conforme regulamentação do Contran. (Incluído pela Lei nº 14.071, de 2020) (Vigência)

§ 1º O RNPC deverá ser atualizado mensalmente. (Incluído pela Lei nº 14.071, de 2020) (Vigência)

§ 2º A abertura de cadastro requer autorização prévia e expressa do potencial cadastrado. (Incluído pela Lei nº 14.071, de 2020) (Vigência)

§ 3º Após a abertura do cadastro, a anotação de informação no RNPC independe de autorização e de comunicação ao cadastrado. (Incluído pela Lei nº 14.071, de 2020) (Vigência)

§ 4º A exclusão do RNPC dar-se-á: (Incluído pela Lei nº 14.071, de 2020) (Vigência)

I – por solicitação do cadastrado; (Incluído pela Lei nº 14.071, de 2020) (Vigência)

II – quando for atribuída ao cadastrado pontuação por infração; (Incluído pela Lei nº 14.071, de 2020) (Vigência)

III – quando o cadastrado tiver o direito de dirigir suspenso; (Incluído pela Lei nº 14.071, de 2020) (Vigência)

IV – quando a Carteira Nacional de Habilitação do cadastrado estiver cassada ou com validade vencida há mais de 30 (trinta) dias; (Incluído pela Lei nº 14.071, de 2020) (Vigência)

V – quando o cadastrado estiver cumprindo pena privativa de liberdade. (Incluído pela Lei nº 14.071, de 2020) (Vigência)

§ 5º A consulta ao RNPC é garantida a todos os cidadãos, nos termos da regulamentação do Contran. (Incluído pela Lei nº 14.071, de 2020) (Vigência)

§ 6º A União, os Estados, o Distrito Federal e os Municípios poderão utilizar o RNPC para conceder benefícios fiscais ou tarifários aos condutores cadastrados, na forma da legislação específica de cada ente da Federação. (Incluído pela Lei nº 14.071, de 2020) (Vigência)

O Capítulo XVII do CTB trata das medidas administrativas, que estão previstas no art. 269, determinando quais atitudes poderão ser tomadas pelos agentes de trânsito:

Art. 269. A autoridade de trânsito ou seus agentes, na esfera das competências estabelecidas neste Código e dentro de sua circunscrição, deverá adotar as seguintes medidas administrativas:

I – retenção do veículo;

II – remoção do veículo;

III – recolhimento da Carteira Nacional de Habilitação;

IV – recolhimento da Permissão para Dirigir;

V – recolhimento do Certificado de Registro;

> VI – recolhimento do Certificado de Licenciamento Anual;
> VII – (VETADO)
> VIII – transbordo do excesso de carga;
> IX – realização de teste de dosagem de alcoolemia ou perícia de substância entorpecente ou que determine dependência física ou psíquica;
> X – recolhimento de animais que se encontrem soltos nas vias e na faixa de domínio das vias de circulação, restituindo-os aos seus proprietários, após o pagamento de multas e encargos devidos.
> XI – realização de exames de aptidão física, mental, de legislação, de prática de primeiros socorros e de direção veicular. (Incluído pela Lei nº 9.602, de 1998)
>
> [...] (Brasil, 1997)

É importante destacar que as medidas administrativas disciplinadas no ordenamento jurídico têm como objetivo preservar a vida e a incolumidade física da pessoa, portanto a ordem, o consentimento, a fiscalização e as medidas coercitivas aplicadas pela autoridade têm esse escopo. Tais medidas são de caráter complementar, não elidem a aplicação das penalidades impostas para cada infração prevista no CTB.

5.2 *Sanções penais aplicadas pelo CTB*

O Capítulo XIX do CTB, a partir do art. 291, começa a estabelecer as normas que se aplicam aos crimes cometidos na direção de veículos automotores, determinando que serão aplicadas as normas gerais do Código Penal, do Código de Processo Penal e da Lei n. 9.099, de 26 de setembro de 1995 (Lei dos Juizados Especiais), no que couber.

> Art. 291. Aos crimes cometidos na direção de veículos automotores, previstos neste Código, aplicam-se as normas gerais do Código Penal e do Código de Processo Penal, se este Capítulo não dispuser de modo diverso, bem como a Lei nº 9.099, de 26 de setembro de 1995, no que couber. (Brasil, 1997)

As hipóteses de aplicação da Lei n. 9.099/1995, com todas as suas benesses, está prevista expressamente no parágrafo 1º e, na sequência, em seus incisos, que contemplam as ressalvas quanto aos casos concretos em que não se aplica a referida norma.

> Art. 291 [...]
>
> § 1º Aplica-se aos crimes de trânsito de lesão corporal culposa o disposto nos arts. 74, 76 e 88 da Lei no 9.099, de 26 de setembro de 1995, exceto se o agente estiver: (Renumerado do parágrafo único pela Lei 11.705/2008)
>
> I – sob a influência de álcool ou qualquer outra substância psicoativa que determine dependência; (Incluído Lei 11.705/2008)
>
> II – participando, em via pública, de corrida, disputa ou competição automobilística, de exibição ou demonstração de perícia em manobra de veículo automotor, não autorizada pela autoridade competente; (Incluído Lei 11.705/2008)
>
> III – transitando em velocidade superior à máxima permitida para a via em 50 km/h (cinquenta quilômetros por hora). (Incluído Lei 11.705/2008)
>
> § 2º Nas hipóteses previstas no § 1º deste artigo, deverá ser instaurado inquérito policial para a investigação da infração penal. (Incluído Lei 11.705/2008)
>
> § 3º (VETADO). (Incluído Lei 13.546/2017)

> § 4º O juiz fixará a pena-base segundo as diretrizes previstas no art. 59 do Decreto-Lei nº 2.848, de 7 de dezembro de 1940 (Código Penal), dando especial atenção à culpabilidade do agente e às circunstâncias e consequências do crime. (Incluído Lei 13.546/2017) (Brasil, 1997)

Em seguida, o CTB aborda a previsão da suspensão ou da proibição de obter a licença para conduzir veículos automotores.

> Art. 292. A suspensão ou a proibição de se obter a permissão ou a habilitação para dirigir veículo automotor pode ser imposta isolada ou cumulativamente com outras penalidades. (Redação Lei 12.971/2014) (Brasil, 1997)

Trata-se de uma sanção de natureza judicial, aplicada pelo juiz criminal, em consonância com o art. 47, inciso III, do Código Penal. Será aplicada uma pena restritiva de direitos. Destacamos que o sujeito atingido pode ser habilitado ou não, ou seja, neste último caso, é possível proibi-lo de obter a licença para dirigir.

Caso o indivíduo seja habilitado, terá sua licença suspensa. A penalidade pode ser aplicada de forma isolada ou cumulada com outra. No entanto, apesar de a previsão legal aludir à aplicação isolada **ou** cumulada, o legislador optou por disciplinar essa sanção em cinco artigos do capítulo sobre crimes de trânsito do CTB, são eles: art. 302 (crime de homicídio culposo na direção), art. 303 (crime de lesão corporal), art. 306 (crime de condução de veículo com capacidade alterada), art. 307 (crime de violação da suspensão) e art. 308 (crime de racha). Todos preveem penalidade **mais** a suspensão ou proibição de se obter a permissão para dirigir.

Seguindo o mesmo raciocínio delimitador, o legislador estabeleceu o período de suspensão:

> Art. 293. A penalidade de suspensão ou de proibição de se obter a permissão ou a habilitação, para dirigir veículo automotor, tem a duração de dois meses a cinco anos.
>
> § 1º Transitada em julgado a sentença condenatória, o réu será intimado a entregar à autoridade judiciária, em quarenta e oito horas, a Permissão para Dirigir ou a Carteira de Habilitação.
>
> § 2º A penalidade de suspensão ou de proibição de se obter a permissão ou a habilitação para dirigir veículo automotor não se inicia enquanto o sentenciado, por efeito de condenação penal, estiver recolhido a estabelecimento prisional. (Brasil, 1997)

Quem não entregar o documento incorre na pena do art. 307 do CTB, que é de detenção de seis meses a um ano, e multa, com nova imposição adicional de idêntico prazo de suspensão ou proibição, conforme texto legal.

A sanção administrativa de suspensão é instituída pelo art. 261 do CTB, que pode variar de seis meses a um ano. No caso de reincidência no período de 12 meses, esse período pode aumentar para de oito meses a dois anos, para os casos previstos nos incisos I e II do art. 261, com alteração legal do CTB pela Lei n. 13.281/2016.

Para os casos previstos no inciso II do art. 261, a penalidade é de dois a oito meses de suspensão, desde que o artigo não defina prazo diferente. No caso de reincidência no prazo de 12 meses, esse período pode ser de 8 a 18 meses, respeitando o que está previsto no art. 263 do CTB, com alterações também efetuadas pela Lei n. 13.281/2016. Lembramos que a suspensão judicial tem prazo que varia de dois meses a cinco anos.

Além do condutor habilitado, há a possibilidade de punição para aquele que não é habilitado, pois o juiz pode determinar a proibição de se obter a PPD ou a CNH.

No quadro a seguir, vejamos as diferenças entre suspensão administrativa e suspensão penal.

Quadro 5.1 – *Penalidades administrativas e penais*

SUSPENSÃO ADMINISTRATIVA	SUSPENSÃO PENAL
Imposta pela autoridade de trânsito.	Imposta pelo Poder Judiciário.
Penalidade ao atingir 20 pontos na CNH.	Não aplicável.
06 meses a 1 ano 08 meses a 2 anos (reincidente)	Não aplicável.
Prazo de 2 a 8 meses ou de 8 a 18 meses se as infrações não tiverem prazo fixo.	Prazo de 2 meses a 5 anos. O infrator começa a cumprir a pena depois de transitada em julgado a sentença condenatória.
Após cumprir o prazo de suspensão, o infrator faz curso reciclagem e volta a dirigir.	Após cumprir a pena de suspensão, o infrator faz novamente o processo completo de habilitação, além do curso de reciclagem.

O juiz vai analisar as circunstâncias judiciais e fixar uma pena em concreto. Posteriormente, considerará as atenuantes e as agravantes e verificará as circunstâncias que aumentam ou diminuem a pena.

O parágrafo 1º do art. 293 do CTB informa o prazo de 48 horas para que o réu entregue sua habilitação após o trânsito em julgado. É um prazo improrrogável e taxativo; caso não seja cumprido, o infrator responderá pelo crime previsto no art. 307 do mesmo diploma legal.

O legislador tomou a devida cautela em não proporcionar ao réu a possibilidade do pagamento de penas distintas no mesmo período, portanto a contagem do tempo de suspensão só começará após a liberdade do condenado.

> Art. 294. Em qualquer fase da investigação ou da ação penal, havendo necessidade para a garantia da ordem pública, poderá o juiz, como medida cautelar, de ofício, ou a requerimento do Ministério Público ou ainda mediante representação da autoridade policial, decretar, em decisão motivada, a suspensão da permissão ou da habilitação para dirigir veículo automotor, ou a proibição de sua obtenção.
>
> Parágrafo único. Da decisão que decretar a suspensão ou a medida cautelar, ou da que indeferir o requerimento do Ministério Público, caberá recurso em sentido estrito, sem efeito suspensivo. (Brasil, 1997)

A sanção de natureza penal, determinada pelo juiz criminal, pode variar de dois meses a cinco anos, de acordo com o art. 293 do CTB, prevista como pena aplicável aos crimes de trânsito de homicídio culposo (art. 302), lesão corporal culposa (art. 303), embriaguez ao volante (art. 306), violação de suspensão anterior (art. 307) e participação em competição não autorizada (art. 308), todos do CTB. A sanção deve ser determinada depois de uma condenação criminal, podendo ser aplicada de ofício, a requerimento do Ministério Público ou em atendimento da Polícia Judiciária. Trata-se de um ato discricionário do juiz, que deve analisar a conveniência, levando em consideração a garantia da ordem pública.

A atitude do indivíduo como um condutor infrator contumaz pode fundamentar essa decisão; o juiz pode decretar a medida cautelar para preservar a ordem pública. A decisão deve ser motivada, justamente para que se possa contestar a referida imposição, no entanto, o recurso interposto não terá o condão de suspender a penalidade. Pode recorrer dessa decisão o indiciado na fase do inquérito policial ou o réu na fase de processo penal.

> Art. 295. A suspensão para dirigir veículo automotor ou a proibição de se obter a permissão ou a habilitação será sempre comunicada pela autoridade judiciária ao Conselho Nacional de Trânsito – CONTRAN, e ao órgão de trânsito do Estado em que o indiciado ou réu for domiciliado ou residente. (Brasil, 1997)

Após a aplicação da pena criminal, é necessária a comunicação ao órgão de executivo, e o fato deve ficar registrado no prontuário do condutor. A medida é necessária para proporcionar uma efetiva restrição, pois possibilitará ao agente de trânsito tomar conhecimento de eventual condenação ou restrição ao verificar o prontuário. Caso o condutor viole essa imposição, responderá pelo crime previsto no art. 307 do CTB.

O art. 296 do CTB prevê a aplicação de uma sanção penal em decorrência de um aspecto complementar à conduta criminosa inicial. Nesse caso, não se pune o ato criminoso em si, mas a reincidência.

> Art. 296. Se o réu for reincidente na prática de crime previsto neste Código, o juiz aplicará a penalidade de suspensão da permissão ou habilitação para dirigir veículo automotor, sem prejuízo das demais sanções penais cabíveis. (Redação Lei 11.705/2008) (Brasil, 1997)

É uma reincidência específica, pois trata expressamente da prática de crimes de trânsito. Outro detalhe a ser observado é a punição para um condutor habilitado, eis que não fala sobre a proibição de se obter a licença para dirigir, então pressupõe se tratar de um infrator que outrora já teve a habilitação. Outro destaque refere-se à norma imperativa, pois determina que o juiz aplicará a penalidade.

São cinco condutas criminosas que já preveem expressamente a imposição dessa pena pelo juiz, por isso, não será necessário aguardar a reincidência para que se promova a suspensão da habilitação do condenado. São elas:

1. homicídio culposo (art. 302 do CTB);
2. lesão corporal culposa (art. 303 do CTB);
3. embriaguez ao volante (art. 306 do CTB);
4. violação de suspensão anteriormente imposta (art. 307 do CTB);
5. participação em competição não autorizada (art. 308 do CTB).

Sobre a multa reparatória, é importante destacar sua inovação no direito penal, eis que tenta promover uma reparação pecuniária à vítima de um crime de trânsito, diferentemente das penas previstas nos demais ordenamentos, que, de uma forma geral, servem para punir o autor. O direito penal não tem a preocupação com a vítima do evento, somente com o autor do fato. Por isso, a previsão da multa reparatória é uma inovação do CTB.

> Art. 297. A penalidade de multa reparatória consiste no pagamento, mediante depósito judicial em favor da vítima, ou seus sucessores, de quantia calculada com base no disposto no § 1º do art. 49 do Código Penal, sempre que houver prejuízo material resultante do crime.
>
> § 1º A multa reparatória não poderá ser superior ao valor do prejuízo demonstrado no processo.
>
> § 2º Aplica-se à multa reparatória o disposto nos artigos 50 a 52 do Código Penal.
>
> § 3º Na indenização civil do dano, o valor da multa reparatória será descontado. (Brasil, 1997)

A multa reparatória não tem natureza de uma sanção penal. Seu objetivo é cobrir eventuais danos materiais suportados pela vítima.

Não deve ser confundida com o instituto do dano moral, que é um valor atribuído ao dano pessoal sofrido, não só à questão material, tanto é que a multa reparatória não pode ter um valor estipulado maior do que o prejuízo que foi demonstrado no processo.

Apenas para situar o leitor, o CTB expressamente prevê multas de três naturezas diferentes: de natureza civil, de natureza penal e de natureza administrativa. O art. 297 do CTB refere-se à penalidade de natureza reparatória, ou seja, de natureza civil.

O CTB ainda trata do instituto fiança. Vejamos:

> Art. 301. Ao condutor de veículo, nos casos de acidentes de trânsito de que resulte vítima, não se imporá a prisão em flagrante, nem se exigirá fiança, se prestar pronto e integral socorro àquela. (Brasil, 1997)

Para complementar a questão da fiança, vamos consultar a Constituição Federal em seu art. 5º, incisos LXI e LXVI:

> Art. 5º Todos são iguais perante a lei, sem distinção de qualquer natureza, garantindo-se aos brasileiros e aos estrangeiros residentes no País a inviolabilidade do direito à vida, à liberdade, à igualdade, à segurança e à propriedade, nos termos seguintes:
>
> [...]
>
> LXI – ninguém será preso senão em flagrante delito ou por ordem escrita e fundamentada de autoridade judiciária competente, salvo nos casos de transgressão militar ou crime propriamente militar, definidos em lei;
>
> [...]
>
> LXVI – ninguém será levado à prisão ou nela mantido, quando a lei admitir a liberdade provisória, com ou sem fiança;

> [...] (Brasil, 1988)

A Carta Magna preceitua que o autor de crime de trânsito possa redimir-se de seu ato criminoso se prestar o pronto socorro integral à vítima. No entanto, é importante destacar que, tratando-se de crimes dolosos, a prisão em flagrante é uma regra, independentemente de ser crime de trânsito ou não.

No caso de homicídio culposo e lesão corporal culposa na direção de veículo automotor, aplica-se o dispositivo do art. 301 do CTB: o condutor envolvido em acidente não será preso, nem será arbitrada fiança, desde que preste pronto e integral socorro à vítima.

5.3 Crimes em espécie

O CTB, no Capítulo XIX, trata dos crimes de trânsito. Na Seção II, podemos verificar especificamente os crimes em espécie. A partir do art. 302 até o art. 312-A, temos a tipificação das condutas criminosas. Vejamos a seguir.

Homicídio culposo

Esse crime está previsto no CTB a partir de seu art. 302:

> Art. 302. Praticar homicídio culposo na direção de veículo automotor:
>
> Penas – detenção, de dois a quatro anos, e suspensão ou proibição de se obter a permissão ou a habilitação para dirigir veículo automotor. (Brasil, 1997)

Para a configuração do homicídio culposo, o crime deve ser praticado na direção de veículo, e esse veículo tem de ser automotor.

De acordo com determinação expressa, somente é penalizado a título de culpa.

Desse modo, o legislador pretende impor aos motoristas mais cuidado na atividade de condução. Pode ser um crime culposo comum ou um crime comissivo por omissão. Vejamos o teor dos arts. 279 e 301 do CTB:

> Art. 279. Em caso de acidente com vítima, envolvendo veículo equipado com registrador instantâneo de velocidade e tempo, somente o perito oficial encarregado do levantamento pericial poderá retirar o disco ou unidade armazenadora do registro.
>
> [...]
>
> Art. 301. Ao condutor de veículo, nos casos de acidentes de trânsito de que resulte vítima, não se imporá a prisão em flagrante, nem se exigirá fiança, se prestar pronto e integral socorro àquela. (Brasil, 1997)

O objeto jurídico tutelado é a vida humana, em consonância com a previsão legal da Constituição Federal de 1988, que, no *caput* do art. 5º, assegura a inviolabilidade do direito à vida:

> Art. 5º Todos são iguais perante a lei, sem distinção de qualquer natureza, garantindo-se aos brasileiros e aos estrangeiros residentes no País a inviolabilidade do direito à vida, à liberdade, à igualdade, à segurança e à propriedade, nos termos seguintes:
>
> [...] (Brasil, 1988)

O homicídio culposo é um crime comum, tendo como sujeito ativo qualquer pessoa. O mesmo ocorre com o sujeito passivo, pois qualquer pessoa pode ser vítima de homicídio causado por veículo automotor ou ocupante de outro veículo qualquer, não se exigindo a necessidade de especificação.

Conforme o art. 121 do Código Penal, é possível o cometimento do crime de homicídio doloso, ainda que se empregue para tal veículo automotor, o qual pode ser de dolo direto ou dolo eventual. O que vai diferir o enquadramento de um ou outro é o elemento subjetivo do tipo, ou seja, a intenção do agente em produzir ou não o resultado.

Para exemplificar, conforme disposto no art. 18, inciso II, do Código Penal, trata-se de crime culposo quando o agente deu causa ao resultado, agindo com imprudência, negligência ou imperícia:

> Art. 18. Diz-se o crime: (Redação Lei 7.209/1984)
>
> **Crime doloso** (Incluído Lei 7.209/1984)
>
> I – doloso, quando o agente quis o resultado ou assumiu o risco de produzi-lo; (Incluído Lei 7.209/1984)
>
> **Crime culposo** (Incluído Lei 7.209/1984)
>
> II – culposo, quando o agente deu causa ao resultado por imprudência, negligência ou imperícia. (Incluído Lei 7.209/1984)
>
> Parágrafo único. Salvo os casos expressos em lei, ninguém pode ser punido por fato previsto como crime, senão quando o pratica dolosamente. (Incluído Lei 7.209/1984)
>
> [...] (Brasil, 1940, grifo do original)

A culpa no âmbito penal refere-se ao comportamento omissivo necessário à diligência; é um desrespeito ao dever de cuidado objetivo que o condutor deve observar. Portanto, são classificados como *culposos* os crimes nos quais o agente age com imprudência, negligência ou imperícia em sua conduta e, com isso, obtém um resultado adverso.

A fundamentação da culpa está na possibilidade da previsão do resultado, pois a conduta voluntária do agente resulta em uma ação que não era desejada, mas plenamente previsível, de modo que, se a atenção fosse adequada, esse resultado poderia ser evitado. Em suma, a culpa é a omissão voluntária por parte do agente, que erra ao calcular as consequências de seu ato ou de sua omissão, as quais são plenamente previsíveis.

Logo, a previsibilidade e a ausência de precaução compõem o conceito de *culpa penal*. Destacamos a impossibilidade de compensação de culpas no âmbito do direito penal.

A consumação do crime se perfaz com a morte da vítima, conforme a letra da lei no *caput* do art. 302 do CTB. Temos a previsão da utilização de veículo automotor. Não é possível a modalidade tentada, pois, em crimes culposos, essa modalidade não é admitida.

O tipo de ação que verificará essa situação é a pública incondicionada, com início por denúncia no Ministério Público. É incabível a possibilidade de composição civil para extinção da punibilidade em se tratando de ação penal pública incondicionada.

Quem pratica o homicídio culposo na direção de veículo automotor está sujeito à pena de detenção, que pode ser agravada se preencher os requisitos dos parágrafos do art. 302 do CTB:

> Art. 302. Praticar homicídio culposo na direção de veículo automotor:
>
> Penas – detenção, de dois a quatro anos, e suspensão ou proibição de se obter a permissão ou a habilitação para dirigir veículo automotor.
>
> § 1º No homicídio culposo cometido na direção de veículo automotor, a pena é aumentada de 1/3 (um terço) à metade, se o agente: (Incluído Lei 12.971/2014)

> I – não possuir Permissão para Dirigir ou Carteira de Habilitação; (Incluído Lei 12.971/2014)
>
> II – praticá-lo em faixa de pedestres ou na calçada; (Incluído Lei 12.971/2014)
>
> III – deixar de prestar socorro, quando possível fazê-lo sem risco pessoal, à vítima do acidente; (Incluído Lei 12.971/2014)
>
> IV – no exercício de sua profissão ou atividade, estiver conduzindo veículo de transporte de passageiros. (Incluído Lei 12.971/2014)
>
> V – (Revogado Lei 11.705/2008)
>
> § 2º (Revogado Lei 13.281/2016)
>
> § 3º Se o agente conduz veículo automotor sob a influência de álcool ou de qualquer outra substância psicoativa que determine dependência: (Incluído Lei 13.546/2017)
>
> Penas – reclusão, de cinco a oito anos, e suspensão ou proibição do direito de se obter a permissão ou a habilitação para dirigir veículo automotor. (Incluído Lei 13.546/2017) (Brasil, 1997)

Lembramos e destacamos a tutela penal da vida humana, em consonância com o art. 5º, *caput*, da Carta Magna, que assegura a inviolabilidade do direito à vida.

Como sujeito ativo, qualquer pessoa pode cometer o crime, pois é um crime comum. Como sujeito passivo, pode ser qualquer pessoa que ocupe outro veículo ou que seja pedestre.

O *caput* do art. 302 do CTB refere-se unicamente ao caso de culpa. Não há de se falar em finalidade específica para matar, enquadramento especificado nos parágrafos do dispositivo citado.

Como já mencionamos, caracteriza-se o comportamento culposo quando o agente não mantém a diligência mínima para os cuidados que deve observar, ou seja, age com imprudência, negligência ou imperícia.

Nesse caso, é importante ressaltar a previsibilidade, pois a conduta deve ser voluntária e produzir um resultado antijurídico, previsível; não necessariamente esperado, mas previsível. A culpa é enfatizada pela falta de atenção!

Aumento de pena em caso de homicídio culposo

As causas de aumento de pena em caso de homicídio culposo estão previstas no art. 302 do CTB e seus incisos. O legislador, por meio da Lei n. Lei n. 12.971, de 9 de maio de 2014, alterou referido artigo, incluindo o parágrafo 1º e quatro incisos (Brasil, 2014). Vamos falar sobre cada um na sequência.

A norma determina que a pena possa ser aumentada de um terço à metade se o agente cometer o crime do *caput* do art. 302 do CTB nas situações elencadas no dispositivo legal. É uma situação diferente das circunstâncias agravantes previstas no art. 298 do CTB, analisadas anteriormente.

As circunstâncias agravantes são aquelas que sempre agravam a penalidade. Contemplam as condições: se o agente cometer o crime com dano potencial ou com grande risco de grave dano patrimonial; se o agente utilizar veículo sem placas ou com placas falsificadas ou adulteradas; se o agente cometer o crime e não tiver PPD ou CNH; se a PPD ou a CNH for diferente da categoria do veículo envolvido no acidente; se os equipamentos que controlam velocidade ou segurança forem adulterados; se o crime ocorrer sobre a faixa de trânsito destinada a pedestres.

Agora, vamos abordar cada possibilidade de aumento de pena, de acordo com o art. 302 do CTB:

> Art. 302. Praticar homicídio culposo na direção de veículo automotor:

Penas – detenção, de dois a quatro anos, e suspensão ou proibição de se obter a permissão ou a habilitação para dirigir veículo automotor.

§ 1º No homicídio culposo cometido na direção de veículo automotor, a pena é aumentada de 1/3 (um terço) à metade, se o agente: (Incluído Lei 12.971/2014)

I – não possuir Permissão para Dirigir ou Carteira de Habilitação; (Incluído Lei 12.971/2014)

II – praticá-lo em faixa de pedestres ou na calçada; (Incluído Lei 12.971/2014)

III – deixar de prestar socorro, quando possível fazê-lo sem risco pessoal, à vítima do acidente; (Incluído Lei 12.971/2014)

IV – no exercício de sua profissão ou atividade, estiver conduzindo veículo de transporte de passageiros. (Incluído Lei 12.971/2014)

V – (Revogado Lei 11.705/2008)

§ 2º (Revogado Lei 13.281/2016)

§ 3º Se o agente conduz veículo automotor sob a influência de álcool ou de qualquer outra substância psicoativa que determine dependência: (Incluído Lei 13.546/2017)

Penas – reclusão, de cinco a oito anos, e suspensão ou proibição do direito de se obter a permissão ou a habilitação para dirigir veículo automotor. (Incluído Lei 13.546/2017) (Brasil, 1997)

O agente não tem PPD ou CNH

O agente que conduz veículo sem ter PPD ou CNH e acaba cometendo homicídio na direção de veículo automotor tem a pena agravada, pois se trata de uma pessoa que não passou pelo crivo do examinador. Não há de se falar em CNH vencida, mas de condutor que não obteve a licença, que é considerada pelo Poder Judiciário como uma pessoa não apta para conduzir o veículo.

A mesma hipótese aplica-se ao indivíduo que conduz veículo de categoria diferente de sua habilitação, pois é considerado inabilitado para aquela categoria, podendo ter sua pena aumentada em caso de condenação.

O agente comete crime em faixa de pedestres ou calçada

A Lei n. 12.971/2014 acrescentou também o inciso II ao art. 302 do CTB, determinando que quem comete homicídio culposo na direção de veículo automotor sobre a faixa de pedestres ou calçada terá sua pena agravada, eis que são locais especialmente destinados aos pedestres, que deveriam ser um refúgio. Está correto, portanto, o legislador ao agravar esse tipo de conduta.

Os veículos surgiram para facilitar deslocamentos e acessos, no entanto tomaram espaço de tal forma que o legislador se viu obrigado a agravar situações que envolvem locais destinados a pedestres, justamente com o objetivo de estimular o dever de cuidado do condutor, pois ele sabe que, se cometer um crime nesses locais, terá sua situação agravada.

O agente deixa de prestar socorro à vítima do acidente

A omissão de socorro é um dos fatos mais repugnantes que atinge a nossa sociedade, uma vez que o indivíduo causa uma lesão ao seu semelhante e, sem nenhum tipo de condescendência com a vítima, deixa-a à mercê da sua própria sorte.

Nesse caso, pratica o crime entabulado no art. 302, inciso III, do CTB aquele que, podendo prestar socorro, não o faz.

Não há de se falar em afastamento dessa norma em caso de morte instantânea da vítima, pois o legislador pune o tratamento desumano destinado ao seu semelhante. Uma causa justa de impedimento para o devido socorro afasta a aplicação da norma, pois o legislador expressamente registrou que é agravante o fato de deixar de prestar socorro quando é possível fazê-lo sem risco pessoal. Portanto, o legislador não busca um super-herói, mas pune aquele que não tem compaixão pelo seu semelhante. Na impossibilidade de prestar socorro, o agente causador do sinistro deve acionar as autoridades sob pena de responder pela omissão se não o fizer.

Ressaltamos que a conduta do agente é punida mesmo que sua omissão seja suprida por terceiros, com ou sem seu consentimento, pois a lei fala sobre o agente que pratica homicídio culposo na direção de veículo automotor. Da mesma forma, o agente que sofreu pequenas escoriações não está amparado por excludente, eis que isso não justifica sua inércia para com a vítima.

O agente conduz veículo de transporte de passageiros

O legislador atribuiu uma responsabilidade objetiva ao condutor profissional de transporte coletivo de passageiros, pois entende que este tem um preparo e uma vivência diferenciada do condutor convencional.

O dispositivo legal atém-se aos veículos que efetuam o transporte de passageiros como atividade-fim, excluídos qualquer outro que transporte outras pessoas, mas que não seja a atividade-fim. Como exemplo, citamos a ambulância, que transporta passageiros, no entanto, sua atividade-fim é de socorro, e não de transporte propriamente dito.

É importante fazer essa distinção para um enquadramento correto na norma legislativa.

Lesão corporal culposa

Quanto à lesão corporal culposa, o CTB, nas disposições gerais, informa que, aos crimes cometidos na direção de veículos automotores, aplicam-se as normas gerais do Código Penal e do Código de Processo Penal, bem como a Lei n. 9.099/1995 (Lei dos Juizados Especiais) no que couber.

Nesse caso, a Lei n. 9.099/1995 pode ser aplicada, salvo quando o agente estiver sob a influência de álcool ou qualquer outra substância psicoativa que determine dependência; quando estiver participando, em via pública, de corrida, disputa ou competição automobilística, de exibição ou demonstração de perícia em manobra de veículo automotor, não autorizada pela autoridade competente; quando estiver transitando em velocidade superior à máxima permitida para a via em 50 km/h.

Nas palavras de Bittencourt (2017, p. 733): "A lesão corporal será culposa desde que presentes os seguintes requisitos: comportamento humano voluntário; descumprimento do dever de cuidado objetivo; previsibilidade objetiva do resultado; lesão corporal involuntária".

A esse respeito, vejamos o que diz o CTB:

> Art. 303. Praticar lesão corporal culposa na direção de veículo automotor:
>
> Penas – detenção, de seis meses a dois anos e suspensão ou proibição de se obter a permissão ou a habilitação para dirigir veículo automotor.
>
> § 1º Aumenta-se a pena de 1/3 (um terço) à metade, se ocorrer qualquer das hipóteses do § 1odo art. 302. (Renumerado do parágrafo único pela Lei 13.546/2017)
>
> § 2º A pena privativa de liberdade é de reclusão de dois a cinco anos, sem prejuízo das outras penas previstas neste artigo, se o agente conduz o veículo com capacidade

> psicomotora alterada em razão da influência de álcool ou de outra substância psicoativa que determine dependência, e se do crime resultar lesão corporal de natureza grave ou gravíssima. (Incluído Lei 13.546/2017) (Brasil, 1997)

É um crime comum, não exige especificidades do agente causador e tem natureza culposa tipificada no CTB. Só pode ser assim configurado se for cometido na direção de um veículo automotor. O objeto jurídico tutelado é a integridade física e mental dos indivíduos, a condição física integral da pessoa lesionada em decorrência da conduta culposa do infrator.

Conforme o art. 28 do CTB, o dever de atenção é do condutor. A previsibilidade do resultado é fator imprescindível para caracterização do crime.

Como sujeito ativo, pode ser qualquer pessoa, já que se trata de crime comum. Como sujeito passivo, pode ser qualquer pessoa, incluindo pedestre ou ocupante de outro veículo.

Como elemento subjetivo do tipo, temos a culpa, que é a imprudência, a negligência ou a imperícia, como prevê o art. 18, inciso II, do Código Penal, um conceito sedimentado na doutrina e na jurisprudência. Não há compensação de culpas em direito penal, não se aplicando ao caso.

A lesão corporal é caracterizada pela ofensa à integridade física ou mental causada por um agente, a qual pode atingir o corpo ou a mente de terceiros. A autolesão não pode ser enquadrada no referido artigo.

Vejamos alguns itens que podem caracterizar ou não a lesão corporal:

- Dor: a presença de dor por si só não tem o condão de caracterizar o crime de lesão corporal.
- Eritema: a exemplo da dor, o mesmo ocorre com o eritema, que é a vermelhidão da pele causada por vasodilatação, não

necessariamente o rompimento dos vasos. Também não caracteriza crime de lesão corporal.
- Equimose: só ocorre com o rompimento de vasos sanguíneos mais profundos, causando um derrame sanguíneo interno, por isso caracteriza lesão corporal.

É possível estipular uma composição civil, resultando na extinção da punibilidade, de acordo com os ditames do art. 291, parágrafo 1º, do CTB, exceto se o acidente ocorrer nas seguintes condições:

- se o condutor estiver sob a influência de álcool;
- se o condutor estiver participando de corrida;
- se o condutor estiver transitando em velocidade superior a 50 km/h acima da velocidade permitida.

Nos crimes de lesão corporal culposa, é possível aplicar o instituto da transação penal, desde que o crime não tenha sido cometido nas condições anteriores. Nesse caso, aplica-se a Lei n. 9.099/1995, a Lei dos Juizados Especiais.

Quanto às circunstâncias agravantes, conforme o art. 298 do CTB, temos:

- o crime foi cometido com grande risco de grave dano a terceiros;
- o veículo não tem as placas identificadoras ou apresenta placas falsas ou adulteradas;
- o condutor não tem CNH ou PPD;
- o condutor tem CNH ou PPD de categoria diferente do veículo envolvido no acidente;
- o condutor é motorista profissional, transportando cargas ou passageiros;
- o veículo envolvido no evento foi adulterado no sistema de velocidade ou segurança;
- o crime foi cometido sobre a faixa de pedestres.

O regime de pena atribuído a esse caso é de detenção, que pode ser cumprida em regime aberto ou semiaberto, conforme condicionantes dos arts. 33 e 59 do Código Penal. Segundo o art. 44 do

Código Penal, pode ser admitida a substituição da pena privativa de liberdade pela restritiva de direito.

Por fim, vejamos alguns exemplos de crimes culposos:

- O condutor de ambulância que tem a prioridade de passagem, mas deve observar as atitudes dos demais condutores, eis que não tem imunidade de trânsito em relação às normas para os demais condutores. A depender do caso, em situação de emergência, com a devida sinalização, poderá ser tolerada a ultrapassagem com sinal fechado, desde que o faça com a devida cautela e prudência.
- O condutor atropela o pedestre que está concluindo a travessia.
- O condutor que colide na traseira, pois não respeita a determinação do art. 29, inciso II, do CTB, já que não guardou a devida distância de segurança do veículo da frente.

5.4 Omissão de socorro

Esse crime está previsto no art. 304 do CTB, a saber:

> Art. 304. Deixar o condutor do veículo, na ocasião do acidente, de prestar imediato socorro à vítima, ou, não podendo fazê-lo diretamente, por justa causa, deixar de solicitar auxílio da autoridade pública:
>
> Penas – detenção, de seis meses a um ano, ou multa, se o fato não constituir elemento de crime mais grave.
>
> Parágrafo único. Incide nas penas previstas neste artigo o condutor do veículo, ainda que a sua omissão seja suprida por terceiros ou que se trate de vítima com morte instantânea ou com ferimentos leves. (Brasil, 1997)

Devemos diferenciar a previsão dos arts. 176 e 177 do CTB, que versam sobre a infração administrativa.

> Art. 176. Deixar o condutor envolvido em acidente com vítima:
>
> I – de prestar ou providenciar socorro à vítima, podendo fazê-lo;
> II – de adotar providências, podendo fazê-lo, no sentido de evitar perigo para o trânsito no local;
> III – de preservar o local, de forma a facilitar os trabalhos da polícia e da perícia;
> IV – de adotar providências para remover o veículo do local, quando determinadas por policial ou agente da autoridade de trânsito;
> V – de identificar-se ao policial e de lhe prestar informações necessárias à confecção do boletim de ocorrência:
>
> Infração – gravíssima;
>
> Penalidade – multa (cinco vezes) e suspensão do direito de dirigir;
>
> Medida administrativa – recolhimento do documento de habilitação.
>
> Art. 177. Deixar o condutor de prestar socorro à vítima de acidente de trânsito quando solicitado pela autoridade e seus agentes:
>
> Penalidade – multa. (Brasil, 1997)

O crime de omissão de socorro está previsto no Código Penal no art. 135, a saber:

> Art. 135. Deixar de prestar assistência, quando possível fazê-lo sem risco pessoal, à criança abandonada ou extraviada, ou à pessoa inválida ou ferida, ao desamparo ou em grave e iminente perigo; ou não pedir, nesses casos, o socorro da autoridade pública:

Pena – detenção, de um a seis meses, ou multa.

Parágrafo único. A pena é aumentada de metade, se da omissão resulta lesão corporal de natureza grave, e triplicada, se resulta a morte. (Brasil, 1940)

O crime de omissão de socorro é um crime doloso, que pode ser classificado como omissivo puro, próprio, formal ou instantâneo. A vida é o objeto jurídico tutelado pelo direito penal, bem como a incolumidade física do indivíduo envolvido em acidente de veículos automotores.

Como já mencionamos, sujeito ativo pode ser qualquer pessoa, não se exigindo qualidade específica para o enquadramento. Sujeito passivo é qualquer pessoa atingida por acidente de trânsito, incluindo pedestre, passageiro ou condutor de outro veículo.

Nesse caso, o dolo é o elemento subjetivo do tipo. O dispositivo não contempla forma culposa, eis que exige do agente o dever de atendimento ao ferido ou de acionar auxílio de autoridade pública para efetuar o socorro.

A integridade física corporal do indivíduo é o objeto material tutelado, desde que seja atingido em decorrência de acidente de trânsito envolvendo veículo automotor.

Para caracterizar o crime de omissão de socorro, exige-se a omissão, por parte do condutor, diante de pedido de socorro imediato à vítima ou de atendimento a esta. Condutor, nesse caso, é aquele que conduz, ou pilota, e que, com sua atitude, envolve-se em acidente de trânsito. As normas são cogentes, imperativas; não se permitem alternativas ao agente causador do sinistro. Somente com a atitude imediata do condutor é que não se procederá ao enquadramento, salvo a impossibilidade de fazê-lo, como, por exemplo, apresentar um ferimento grave, entrar em estado de choque após o sinistro ou estar sob ameaça de linchamento. O simples abalo emocional não exime o condutor de solicitar socorro nem justifica sua saída do local do sinistro.

Mesmo que a vítima tenha morrido de forma instantânea ou que tenha apresentado apenas ferimentos leves, o motorista omisso responderá da mesma forma pelo crime.

Como pressuposto do crime, é necessária a ocorrência de lesões corporais na vítima causadas pelo acidente de trânsito. Caso a vítima sofra apenas ferimentos leves e recuse qualquer tipo de atendimento, não poderá alegar posteriormente omissão de socorro por parte do causador.

Com a simples omissão, já se consuma o crime. Não cabe a tentativa, pois crimes omissivos próprios não admitem a forma tentada. É uma ação penal pública incondicionada, por isso não cabe composição civil. Vejamos o art. 74, parágrafo único, da Lei n. 9.099/1995:

> Art. 74. A composição dos danos civis será reduzida a escrito e, homologada pelo Juiz mediante sentença irrecorrível, terá eficácia de título a ser executado no juízo civil competente.
>
> Parágrafo único. Tratando-se de ação penal de iniciativa privada ou de ação penal pública condicionada à representação, o acordo homologado acarreta a renúncia ao direito de queixa ou representação. (Brasil, 1995)

A composição civil dos danos refere-se à possibilidade de acordo homologada por juiz entre a vítima e o réu. O acordo firmado terá a eficácia de um título executivo e acarretará a renúncia ao direito de queixa ou representação, conforme expressamente disposto no final do parágrafo único do artigo citado.

Em se tratando de crimes de menor potencial ofensivo, os condutores infratores podem beneficiar-se dessa previsão legal, com a possibilidade de fazer acordo com a vítima e, com isso, ter a queixa ou representação criminal retirada após a homologação pelo juiz da causa.

É cabível a transação penal, como prevê o art. 76 da Lei n. 9.099/1995, pois se trata de infração penal de menor potencial ofensivo, em consonância com o art. 291, *caput*, do CTB, combinado com o art. 61 da Lei n. 9.099/1995.

> Art. 76. Havendo representação ou tratando-se de crime de ação penal pública incondicionada, não sendo caso de arquivamento, o Ministério Público poderá propor a aplicação imediata de pena restritiva de direitos ou multas, a ser especificada na proposta.
>
> § 1º Nas hipóteses de ser a pena de multa a única aplicável, o Juiz poderá reduzi-la até a metade.
>
> § 2º Não se admitirá a proposta se ficar comprovado:
>
> I – ter sido o autor da infração condenado, pela prática de crime, à pena privativa de liberdade, por sentença definitiva;
>
> II – ter sido o agente beneficiado anteriormente, no prazo de cinco anos, pela aplicação de pena restritiva ou multa, nos termos deste artigo;
>
> III – não indicarem os antecedentes, a conduta social e a personalidade do agente, bem como os motivos e as circunstâncias, ser necessária e suficiente a adoção da medida.
>
> § 3º Aceita a proposta pelo autor da infração e seu defensor, será submetida à apreciação do Juiz.
>
> § 4º Acolhendo a proposta do Ministério Público aceita pelo autor da infração, o Juiz aplicará a pena restritiva de direitos ou multa, que não importará em reincidência, sendo registrada apenas para impedir novamente o mesmo benefício no prazo de cinco anos.

> § 5º Da sentença prevista no parágrafo anterior caberá a apelação referida no art. 82 desta Lei.
>
> § 6º A imposição da sanção de que trata o § 4º deste artigo não constará de certidão de antecedentes criminais, salvo para os fins previstos no mesmo dispositivo, e não terá efeitos civis, cabendo aos interessados propor ação cabível no juízo cível. (Brasil, 1995)

Seguindo a leitura do art. 76 da Lei n. 9.099/1995, constatamos a viabilidade de negociação, por parte do Ministério Público, com o acusado no que diz respeito à sua pena.

Existe a possibilidade de transação penal, desde que o agente preencha os requisitos legais exigidos. Ela deve ser proposta antes que seja oferecida a denúncia, e a aceitação por parte do acusado não pode ser considerada como confissão ou reconhecimento de culpa e eventual responsabilidade civil sobre o fato. A transação penal não pode ser utilizada para fins de reincidência; não vai constar no prontuário como antecedente criminal. Após o aceite, o acusado não poderá beneficiar-se novamente antes do prazo de cinco anos, conforme determinação legal.

As propostas elaboradas pelo Ministério Público abrangerão apenas duas espécies de pena: a multa e a pena restritiva de direitos. Com relação à multa, trata-se de dinheiro, moeda corrente, que deverá ser revertida em benefício do Estado. Já a pena restritiva de direitos pode ser relacionada a alguma obrigação que será imposta ao acusado, como prestação de serviços à comunidade, impedimento de comparecimento a certos lugares, impedimento de se ausentar do lar nos finais de semana, pagamento de cestas básicas etc.

A suspensão condicional do processo é possível, pois a pena mínima cominada não é superior a um ano, conforme art. 89 da Lei n. 9.099/1995:

Art. 89. Nos crimes em que a pena mínima cominada for igual ou inferior a um ano, abrangidas ou não por esta Lei, o Ministério Público, ao oferecer a denúncia, poderá propor a suspensão do processo, por dois a quatro anos, desde que o acusado não esteja sendo processado ou não tenha sido condenado por outro crime, presentes os demais requisitos que autorizariam a suspensão condicional da pena (art. 77 do Código Penal).

§ 1º Aceita a proposta pelo acusado e seu defensor, na presença do Juiz, este, recebendo a denúncia, poderá suspender o processo, submetendo o acusado a período de prova, sob as seguintes condições:

I – reparação do dano, salvo impossibilidade de fazê-lo;
II – proibição de frequentar determinados lugares;
III – proibição de ausentar-se da comarca onde reside, sem autorização do Juiz;
IV – comparecimento pessoal e obrigatório a juízo, mensalmente, para informar e justificar suas atividades.

§ 2º O Juiz poderá especificar outras condições a que fica subordinada a suspensão, desde que adequadas ao fato e à situação pessoal do acusado.

§ 3º A suspensão será revogada se, no curso do prazo, o beneficiário vier a ser processado por outro crime ou não efetuar, sem motivo justificado, a reparação do dano.

§ 4º A suspensão poderá ser revogada se o acusado vier a ser processado, no curso do prazo, por contravenção, ou descumprir qualquer outra condição imposta.

§ 5º Expirado o prazo sem revogação, o Juiz declarará extinta a punibilidade.

§ 6º Não correrá a prescrição durante o prazo de suspensão do processo.

> § 7º Se o acusado não aceitar a proposta prevista neste artigo, o processo prosseguirá em seus ulteriores termos.
> (Brasil, 1995)

O procedimento para verificação é comum, sumaríssimo, previsto para infrações penais de menor potencial ofensivo, de acordo com os arts. 77 e seguintes da Lei n. 9.099/1995.

Acerca das situações agravantes, vejamos os arts. 61 e 62 do Código Penal, nos termos do art. 298 do CTB:

> **Circunstâncias agravantes**
>
> Art. 61. São circunstâncias que sempre agravam a pena, quando não constituem ou qualificam o crime: (Redação Lei 7.209/1984)
>
> I – a reincidência; (Redação Lei 7.209/1984)
>
> II – ter o agente cometido o crime: (Redação Lei 7.209/1984)
>
> a) por motivo fútil ou torpe;
>
> b) para facilitar ou assegurar a execução, a ocultação, a impunidade ou vantagem de outro crime;
>
> c) à traição, de emboscada, ou mediante dissimulação, ou outro recurso que dificultou ou tornou impossível à defesa do ofendido;
>
> d) com emprego de veneno, fogo, explosivo, tortura ou outro meio insidioso ou cruel, ou de que podia resultar perigo comum;
>
> e) contra ascendente, descendente, irmão ou cônjuge;
>
> f) com abuso de autoridade ou prevalecendo-se de relações domésticas, de coabitação ou de hospitalidade, ou com violência contra a mulher na forma da lei específica; (Redação Lei 11.340/2006)

> g) com abuso de poder ou violação de dever inerente a cargo, ofício, ministério ou profissão;
> h) contra criança, maior de 60 (sessenta) anos, enfermo ou mulher grávida; (Redação Lei 10.741/2003)
> i) quando o ofendido estava sob a imediata proteção da autoridade;
> j) em ocasião de incêndio, naufrágio, inundação ou qualquer calamidade pública, ou de desgraça particular do ofendido;
> k) em estado de embriaguez preordenada.
>
> **Agravantes no caso de concurso de pessoas**
>
> Art. 62. A pena será ainda agravada em relação ao agente que: (Redação Lei 7.209/1984)
>
> I – promove, ou organiza a cooperação no crime ou dirige a atividade dos demais agentes; (Redação Lei 7.209/1984)
>
> II – coage ou induz outrem à execução material do crime; (Redação Lei 7.209/1984)
>
> III – instiga ou determina a cometer o crime alguém sujeito à sua autoridade ou não punível em virtude de condição ou qualidade pessoal; (Redação Lei 7.209/1984)
>
> IV – executa o crime, ou nele participa, mediante paga ou promessa de recompensa. (Redação Lei 7.209/1984) (Brasil, 1940, grifo do original)

A multa reparatória é tratada no art. 297 do CTB, a saber:

> Art. 297. A penalidade de multa reparatória consiste no pagamento, mediante depósito judicial em favor da vítima, ou seus sucessores, de quantia calculada com base no disposto no § 1º do art. 49 do Código Penal, sempre que houver prejuízo material resultante do crime.

> § 1º A multa reparatória não poderá ser superior ao valor do prejuízo demonstrado no processo.
>
> § 2º Aplica-se à multa reparatória o disposto nos arts. 50 a 52 do Código Penal.
>
> § 3º Na indenização civil do dano, o valor da multa reparatória será descontado. (Brasil, 1997)

O regime de cumprimento de pena pode ser aberto ou semiaberto, como previsto nos arts. 33 e 59 do Código Penal:

> Art. 33. A pena de reclusão deve ser cumprida em regime fechado, semiaberto ou aberto. A de detenção, em regime semiaberto, ou aberto, salvo necessidade de transferência a regime fechado. (Redação Lei 7.209/1984)
>
> § 1º Considera-se: (Redação Lei 7.209/1984)
>
> a) regime fechado a execução da pena em estabelecimento de segurança máxima ou média;
>
> b) regime semiaberto a execução da pena em colônia agrícola, industrial ou estabelecimento similar;
>
> c) regime aberto a execução da pena em casa de albergado ou estabelecimento adequado.
>
> § 2º As penas privativas de liberdade deverão ser executados em forma progressiva, segundo o mérito do condenado, observados os seguintes critérios e ressalvadas as hipóteses de transferência a regime mais rigoroso: (Redação Lei 7.209/1984)
>
> a) o condenado a pena superior a 8 (oito) anos deverá começar a cumpri-la em regime fechado;
>
> b) o condenado não reincidente, cuja pena seja superior a 4 (quatro) anos e não exceda a 8 (oito), poderá, desde o princípio, cumpri-la em regime semiaberto;

c) o condenado não reincidente, cuja pena seja igual ou inferior a 4 (quatro) anos, poderá, desde o início, cumpri-la em regime aberto.

§ 3º A determinação do regime inicial de cumprimento da pena far-se-á com observância dos critérios previstos no art. 59 deste Código. (Redação Lei 7.209/1984)

§ 4º O condenado por crime contra a administração pública terá a progressão de regime do cumprimento da pena condicionada à reparação do dano que causou, ou à devolução do produto do ilícito praticado, com os acréscimos legais. (Incluído Lei 10.763/2003)

[...]

Art. 59. O juiz, atendendo à culpabilidade, aos antecedentes, à conduta social, à personalidade do agente, aos motivos, às circunstâncias e consequências do crime, bem como ao comportamento da vítima, estabelecerá, conforme seja necessário e suficiente para reprovação e prevenção do crime: (Redação Lei 7.209/1984)

I – as penas aplicáveis dentre as cominadas; (Redação Lei 7.209/1984)

II – a quantidade de pena aplicável, dentro dos limites previstos; (Redação Lei 7.209/1984)

III – o regime inicial de cumprimento da pena privativa de liberdade; (Redação Lei 7.209/1984)

IV – a substituição da pena privativa da liberdade aplicada, por outra espécie de pena, se cabível. (Redação Lei 7.209/1984) (Brasil, 1940)

5.5 Afastamento do local do crime

O afastamento do local do crime caracteriza-se como crime quando verificada alguma situação prevista no art. 176 do CTB:

> Art. 176. Deixar o condutor envolvido em acidente com vítima:
>
> I – de prestar ou providenciar socorro à vítima, podendo fazê-lo;
> II – de adotar providências, podendo fazê-lo, no sentido de evitar perigo para o trânsito no local;
> III – de preservar o local, de forma a facilitar os trabalhos da polícia e da perícia;
> IV – de adotar providências para remover o veículo do local, quando determinadas por policial ou agente da autoridade de trânsito;
> V – de identificar-se ao policial e de lhe prestar informações necessárias à confecção do boletim de ocorrência:
>
> Infração – gravíssima;
>
> Penalidade – multa (cinco vezes) e suspensão do direito de dirigir;
>
> Medida administrativa – recolhimento do documento de habilitação. (Brasil, 1997)

Por sua vez, o art. 305 do CTB assim estabelece:

> Art. 305. Afastar-se o condutor do veículo do local do acidente, para fugir à responsabilidade penal ou civil que lhe possa ser atribuída:

Penas – detenção, de seis meses a um ano, ou multa. (Brasil, 1997)

O crime de afastamento do local é um crime doloso, próprio, em regra comissivo, podendo ser comissivo por omissão. Vejamos o art. 13, parágrafo 2º, do Código Penal:

> **Relação de causalidade** (Redação dada pela Lei nº 7.209, de 11.7.1984)
>
> Art. 13. O resultado, de que depende a existência do crime, somente é imputável a quem lhe deu causa. Considera-se causa a ação ou omissão sem a qual o resultado não teria ocorrido. (Redação Lei 7.209/1984)
>
> [...]
>
> **Relevância da omissão** (Incluído Lei 7.209/1984)
>
> § 2º A omissão é penalmente relevante quando o omitente devia e podia agir para evitar o resultado. O dever de agir incumbe a quem: (Incluído Lei 7.209/1984)
>
> a) tenha por lei obrigação de cuidado, proteção ou vigilância; (Incluído Lei 7.209/1984)
> b) de outra forma, assumiu a responsabilidade de impedir o resultado; (Incluído Lei 7.209/1984)
> c) com seu comportamento anterior, criou o risco da ocorrência do resultado. (Incluído Lei 7.209/1984)
> (Brasil, 1940, grifo do original)

O objeto tutelado refere-se à administração da justiça criminal e ao interesse da vítima em obter justa recomposição civil de seu interesse lesado.

O sujeito ativo é o condutor de veículo envolvido em acidente, a quem se pode atribuir responsabilidade civil ou penal pela sua contribuição para que o acidente ocorresse. O passageiro do veículo que o acompanhar não deverá responder como coautor, ao menos que o incentive ao afastamento do local do acidente.

Para a conduta, exige-se o dolo específico, pois a atitude do agente deve ter por objetivo fugir à responsabilidade penal ou civil que lhe possa ser atribuída. Exige uma vontade livre e consciente. Não há forma culposa.

O objeto material é o local do acidente, as pessoas e os bens atingidos. Para o tipo objetivo, exige-se que o condutor do veículo envolvido em acidente se afaste do local para fugir à responsabilidade penal ou civil que lhe possa ser atribuída. É um crime formal, pois se aperfeiçoa com o simples afastamento do condutor dos veículos do local do acidente.

Como pressuposto do crime, temos a existência de um acidente com veículos automotores, com ou sem vítimas. O legislador, em vários momentos, estimula a nobreza de conduta do agente, como disciplina o art. 301 do CTB, que determina que não se imponha prisão em flagrante, nem fiança, ao condutor envolvido em acidente de trânsito que prestar pronto e integral socorro à vítima. Seguindo a mesma linha, conforme previsão do art. 16 do Código Penal, temos:

> Art. 16. Nos crimes cometidos sem violência ou grave ameaça à pessoa, reparado o dano ou restituída a coisa, até o recebimento da denúncia ou da queixa, por ato voluntário do agente, a pena será reduzida de um a dois terços. (Redação Lei 7.209/1984). (Brasil, 1940)

Para que seja configurado crime de afastamento do local do acidente, o agente deve efetivamente sair do local, com o objetivo de fugir à responsabilidade. Não há de se falar em afastamento do local diante de saída em busca de atendimento médico ou para preservar a incolumidade física (risco de linchamento).

É possível a tentativa, o que ocorre com razoável frequência. A ação penal é pública incondicionada.

É incabível a composição civil visando à extinção da punibilidade, pois se trata de crime de ação penal pública incondicionada, segundo art. 74, parágrafo único, da Lei n. 9.099/1995. O instituto da transação penal é cabível, nos termos do art. 76 da Lei n. 9.099/1995, pois se trata de infração penal de pequeno potencial ofensivo, conforme art. 61 da referida lei.

O instituto da transação penal é oferecido pelo Ministério Público antes do início da ação penal propriamente dita. É um instituto que tem a finalidade despenalizadora. O momento é pré-processual, e a transação penal é oferecida durante a sessão de audiência de conciliação pelo *parquet*.

Se a transação penal for descumprida, a Súmula Vinculante n. 35 do Supremo Tribunal Federal (STF) assim determina:

> A homologação da transação penal prevista no artigo 76 da Lei 9.099/1995 não faz coisa julgada material e, descumpridas suas cláusulas, retoma-se a situação anterior, possibilitando-se ao Ministério Público a continuidade da persecução penal mediante oferecimento de denúncia ou requisição de inquérito policial. (STF, 2021b)

Não sendo possível a homologação judicial, é cabível posterior oferecimento de denúncia em caso de restar descumprida a avença. A suspensão condicional do processo é cabível, à luz do disposto no art. 89 da Lei n. 9.099/1995, já que a pena mínima cominada não é superior a um ano. Vejamos o teor da Súmula n. 723 do STF:

> Não se admite a suspensão condicional do processo por crime continuado, se a soma da pena mínima da infração mais grave com o aumento mínimo de um sexto for superior a um ano. (STF, 2021a)

Já a Súmula n. 243 do STJ diz:

> Súmula 243 – O benefício da suspensão do processo não é aplicável em relação às infrações penais cometidas em concurso material, concurso formal ou continuidade delitiva, quando a pena mínima cominada, seja pelo somatório, seja pela incidência da majorante, ultrapassar o limite de um (01) ano (Corte Especial, julgado em 11/12/2000, DJ 05/02/2001, p. 157). (STJ, 2020, p. 1.298)

Na hipótese de concurso de crimes, se as penas máximas somadas excederem a dois anos, a competência desloca-se para o juízo comum.

A suspensão ou proibição de se obter a PPD ou a CNH está prevista nos arts. de 292 a 296 do CTB e também no art. 302 do mesmo diploma legal.

A multa reparatória é abordada no art. 297 do CTB. O regime a ser cumprido é o da pena privativa de liberdade em regime aberto ou semiaberto, a depender do que resultar da incidência das norteadoras dos arts. 33 e 59 do Código Penal no processo individualizado.

5.6 Cometer crime sob influência de substância psicoativa

Esse crime está previsto no art. 306 do CTB, a saber:

> Art. 306. Conduzir veículo automotor com capacidade psicomotora alterada em razão da influência de álcool ou de outra substância psicoativa que determine dependência: (Redação Lei 12.760/2012)
>
> Penas – detenção, de seis meses a três anos, multa e suspensão ou proibição de se obter a permissão ou a habilitação para dirigir veículo automotor.
>
> § 1º As condutas previstas no caput serão constatadas por: (Incluído Lei 12.760/2012)

> I – concentração igual ou superior a 6 decigramas de álcool por litro de sangue ou igual ou superior a 0,3 miligrama de álcool por litro de ar alveolar; ou (Incluído Lei 12.760/2012)
>
> II – sinais que indiquem, na forma disciplinada pelo Contran, alteração da capacidade psicomotora. (Incluído Lei 12.760/2012)
>
> § 2º A verificação do disposto neste artigo poderá ser obtida mediante teste de alcoolemia ou toxicológico, exame clínico, perícia, vídeo, prova testemunhal ou outros meios de prova em direito admitidos, observado o direito à contraprova. (Redação Lei 12.971/2014)
>
> § 3º O Contran disporá sobre a equivalência entre os distintos testes de alcoolemia ou toxicológicos para efeito de caracterização do crime tipificado neste artigo. (Redação Lei 12.971/2014)
>
> § 4º Poderá ser empregado qualquer aparelho homologado pelo Instituto Nacional de Metrologia, Qualidade e Tecnologia – INMETRO – para se determinar o previsto no caput. (Incluído Lei 13.840/2019) (Brasil, 1997)

O cometimento do crime sob a influência de substâncias psicoativas é um dos principais, senão o principal crime de trânsito, vivenciado diariamente pelos agentes de trânsito. O legislador, ao longo dos anos, vem alterando, inserindo, modificando, agravando as penalidades que envolvem álcool ou outras substâncias que causem dependência, em decorrência no número alarmante de acidentes com condutores sob influência desse tipo de substância.

Em 19 de junho de 2008, com o advento da Lei n. 11.705, denominada *Lei Seca*, o crime de perigo concreto, como era caracterizado o crime de embriaguez, passou a ser classificado como crime de perigo abstrato (Brasil, 2008). Merece atenção especial essa mudança. Antes da lei citada, para que o condutor fosse autuado por crime de embriaguez, exigia-se que o agente verificasse uma conduta completamente incompatível com a segurança dos demais usuários. Podemos citar como exemplo o condutor que era abordado transitando sobre calçadas, dirigindo de forma irregular, tipo ziguezague. Era necessário que fosse demonstrado o perigo de sua conduta de forma concreta.

Após a Lei Seca, verificando-se que o condutor ingeriu algum tipo de bebida alcóolica ou substância análoga e que o índice encontra-se acima da tolerância, mesmo que o condutor não apresente conduta irregular, a atitude será enquadrada como crime de trânsito.

A Lei n. 12.760, de 20 de dezembro de 2012, também alterou o CTB no que se refere à ingestão de álcool, determinando que, se for comprovada que a capacidade psicomotora do condutor foi alterada em decorrência da ingestão de algum tipo de bebida alcóolica ou outra substância psicoativa que determine dependência, o condutor responderá por crime de trânsito (Brasil, 2012).

Tecnicamente, com as duas leis citadas, deixamos de lado o termo *embriaguez ao volante* e o substituímos por *alteração da capacidade psicomotora ao volante*, levando em consideração que a condução segura fica seriamente comprometida se o motorista estiver nessas condições. Sobre essa questão, sugerimos a consulta ao art. 39 da Lei n. 11.343/2006 (Lei das Drogas), ao art. 277 do CTB e à Resolução n. 432, de 23 de janeiro de 2013, do Contran.

Vejamos a infração administrativa prevista no art. 165 do CTB:

> Art. 165. Dirigir sob a influência de álcool ou de qualquer outra substância psicoativa que determine dependência: (Redação Lei 11.705/2008)
>
> Infração – gravíssima; (Redação Lei 11.705/2008)
>
> Penalidade – multa (dez vezes) e suspensão do direito de dirigir por 12 (doze) meses. (Redação Lei 12.760/2012)

> Medida administrativa – recolhimento do documento de habilitação e retenção do veículo, observado o disposto no § 4o do art. 270 da Lei 9.503, de 23 de setembro de 1997 – do Código de Trânsito Brasileiro. (Redação Lei 12.760/2012)
>
> Parágrafo único. Aplica-se em dobro a multa prevista no caput em caso de reincidência no período de até 12 (doze) meses. (Redação Lei 12.760/2012)
>
> [...] (Brasil, 1997)

A Lei n. 13.281/2016 inseriu o art. 165-A no CTB, estabelecendo expressamente que aquele que se recusa a submeter-se a exame será notificado com agravante de dez vezes se não for reincidente no prazo de 12 meses; se for reincidente, a pena será de suspensão direta.

> Art. 165-A. Recusar-se a ser submetido a teste, exame clínico, perícia ou outro procedimento que permita certificar influência de álcool ou outra substância psicoativa, na forma estabelecida pelo art. 277: (Incluído Lei 13.281/2016)
>
> Infração – gravíssima; (Incluído Lei 13.281/2016)
>
> Penalidade – multa (dez vezes) e suspensão do direito de dirigir por 12 (doze) meses; (Incluído Lei 13.281/2016)
>
> Medida administrativa – recolhimento do documento de habilitação e retenção do veículo, observado o disposto no § 4º do art. 270. (Incluído Lei 13.281/2016)
>
> Parágrafo único. Aplica-se em dobro a multa prevista no **caput** em caso de reincidência no período de até 12 (doze) meses. (Incluído Lei 13.281/2016) (Brasil, 1997, grifo do original)

Na sequência das previsões legais e com o objetivo de reduzir a ingestão de álcool, o legislador estabeleceu, por meio da Lei n. 12.760/2012, a tolerância zero para qualquer tipo de bebida alcóolica, alterando apenas o enquadramento, que pode ser administrativo ou penal, como prevê o art. 276 do CTB:

> Art. 276. Qualquer concentração de álcool por litro de sangue ou por litro de ar alveolar sujeita o condutor às penalidades previstas no art. 165. (Redação Lei 12.760/2012)
>
> Parágrafo único. O Contran disciplinará as margens de tolerância quando a infração for apurada por meio de aparelho de medição, observada a legislação metrológica. (Redação Lei 12.760/2012) (Brasil, 1997)

Se analisarmos os dispositivos anteriores, verificaremos que o art. 276, parágrafo único, determina a forma de aferição dos índices toleráveis. Para regulamentar isso, o Contran editou a Resolução n. 432/2013, estabelecendo não só os meios de verificação, mas também as margens de tolerância para classificação como infração administrativa ou crime de trânsito (Contran, 2013).

A verificação e a aferição da influência do álcool ou de outra substância psicoativa serão feitas por meio de, pelo menos, um dos seguintes procedimentos:

- exame sanguíneo;
- exames laboratoriais especializados, que poderão detectar substâncias que causem dependência;
- exames de teor etílico (etilômetro);
- constatação de sinais que indiquem condições psicomotoras alteradas do condutor;
- outras formas de comprovação, tais como: provas testemunhais, imagens ou vídeos.

Portanto, podemos dizer que o legislador busca, de todas as formas, a possibilidade de caracterização do estado de embriaguez. Na verificação do exame de sangue, qualquer quantidade de álcool no sangue já possibilita o enquadramento do condutor; dependendo da quantidade aferida, será uma infração ou um crime de trânsito.

Caso o condutor se recuse a submeter-se a qualquer dos exames ou testes que comprovem de forma fidedigna a quantidade de álcool ingerida, poderá o agente se valer do art. 165-A e autuar o condutor. O agente pode, inclusive, fazer referência ao crime do art. 306 do CTB, conforme o estado do condutor, eis que o agente tem fé pública e poderá valer-se o inciso II do art. 306 do CTB.

Vejamos, no quadro a seguir, a distinção dos níveis de álcool que caracterizam infração de trânsito ou crime de trânsito.

Quadro 5.2 – Classificação da penalidade conforme a concentração de álcool no organismo

Procedimento	Concentração de álcool	Classificação
Exame de sangue	Qualquer concentração	Infração de trânsito
	Igual ou superior 0,6 dg/L	Infração e crime de trânsito
Etilômetro	Até 0,04 mg/L	Não caracteriza infração.
	De 0,05 a 0,33 mg/L	Infração de trânsito
	Igual ou superior 0,34 mg/L	Infração e crime de trânsito

É um crime doloso, não exige especialidade do agente. Trata-se, portanto, de um crime comum, vago, comissivo, de perigo abstrato. O objeto jurídico tutelado é a segurança no trânsito, conforme art. 5º, *caput*, da Constituição Federal.

Como sujeito ativo, pode ser qualquer pessoa que se ponha a conduzir veículo automotor, habilitada ou não, na medida em que se trata de crime comum. Como sujeito passivo, temos a coletividade, assim compreendida a generalidade humana. Como elemento subjetivo do tipo, temos o dolo, que não se presume. Basta o dolo genérico.

Não há forma culposa. Para conformação típica, é suficiente que o agente pratique a conduta regulada, independentemente de qualquer finalidade específica.

O objeto material é o veículo conduzido nas condições indicadas. A atual redação do art. 306 do CTB informa que essa condução pode acontecer em qualquer local público (não necessariamente via pública, como descrevia a Lei n. 12.760/2012) ou no interior de propriedade privada (chácara, sítio ou fazenda), o que representa considerável ampliação no alcance da regra punitiva atual. Os arts. 302 e 303 do CTB não fazem referência à via pública.

Com o advento da Lei n. 13.840/2019, estudos estão sendo implementados para a regulamentação de aparelhos conhecidos como "drogômetro" com o objetivo de determinar as substâncias psicoativas diversas do álcool.

5.7 Violar a suspensão ou a proibição para obter PPD ou CNH

Esse crime está previsto no art. 307 do CTB, a saber:

> Art. 307. Violar a suspensão ou a proibição de se obter a permissão ou a habilitação para dirigir veículo automotor imposta com fundamento neste Código:
>
> Penas – detenção, de seis meses a um ano e multa, com nova imposição adicional de idêntico prazo de suspensão ou de proibição.
>
> Parágrafo único. Nas mesmas penas incorre o condenado que deixa de entregar, no prazo estabelecido no § 1º do art. 293, a Permissão para Dirigir ou a Carteira de Habilitação. (Brasil, 1997)

Com relação à desobediência judicial, vejamos o art. 359 do Código Penal, sobre perda ou suspensão de direito.

> Art. 359. Exercer função, atividade, direito, autoridade ou múnus, de que foi suspenso ou privado por decisão judicial:
> Pena – detenção, de três meses a dois anos, ou multa. (Brasil, 1940)

O art. 162 do CTB trata da infração administrativa:

> Art. 162. Dirigir veículo:
> [...]
> II – com Carteira Nacional de Habilitação, Permissão para Dirigir ou Autorização para Conduzir Ciclomotor cassada ou com suspensão do direito de dirigir: (Redação Lei 13.281/2016)
> Infração – gravíssima; (Redação Lei 13.281/2016)
> Penalidade – multa (três vezes); (Redação Lei 13.281/2016)
> Medida administrativa – recolhimento do documento de habilitação e retenção do veículo até a apresentação de condutor habilitado; (Incluído Lei 13.281/2016)
> [...] (Brasil, 1997)

Quanto à suspensão do direito de dirigir, o art. 295 do CTB assim disciplina:

> Art. 295. A suspensão para dirigir veículo automotor ou a proibição de se obter a permissão ou a habilitação será sempre comunicada pela autoridade judiciária ao Conselho Nacional de Trânsito – CONTRAN, e

> ao órgão de trânsito do Estado em que o indiciado ou réu for domiciliado ou residente. (Brasil, 1997)

A Resolução n. 168, de 14 de dezembro de 2004, do Contran, com suas alterações, trata da formação de condutores (essa resolução foi consolidada pela Resolução n. 789/2020. A Resolução n. 849/2021 alterou a Resolução n. 789/2020). Nos arts. 41 e seguintes, estabelece a base de dados na qual serão registradas as ocorrências no prontuário do condutor, a saber:

> Art. 41. A Base Índice Nacional de Condutores – BINCO conterá um arquivo de dados onde será registrada toda e qualquer restrição ao direito de dirigir e de obtenção da ACC e da CNH, que será atualizado pelos órgãos ou entidades executivas de trânsito do Estado e do Distrito Federal.
>
> § 1º O condutor, que for penalizado com a suspensão ou cassação do direito de dirigir, terá o seu registro bloqueado pelo mesmo prazo da penalidade.
>
> § 2º O Registro Nacional do condutor de que trata o artigo 35, que teve cassado o direito de dirigir, será desbloqueado e mantido, quando da sua reabilitação.
>
> § 3º A suspensão do direito de dirigir ou a proibição de se obter a habilitação, imputada pelo Poder Judiciário, será registrada na BINCO.
>
> Art. 41-A. Para efeito desta resolução, os dados requeridos para o processo de habilitação e os constantes do RENACH são de propriedade do órgão máximo executivo de trânsito da União. (Incluído pela Resolução Contran 169/2005) (Contran, 2004)

Violar a suspensão ou proibição de se obter a CNH ou a PPD é um crime doloso, próprio, de perigo abstrato, de mera conduta, em regra comissivo, podendo ser comissivo por omissão (art. 13, parágrafo 2º, do Código Penal).

O objeto jurídico da tutela penal, no *caput*, são as decisões administrativas e judiciais, que é a desobediência à ordem judicial. No parágrafo único do art. 307, o objeto jurídico da tutela penal é a administração da justiça.

É um crime próprio, ou seja, somente poderá ser cometido por um agente que tenha recebido a sanção de suspensão do direito de dirigir ou de obter a permissão.

Como sujeito passivo, temos o Estado-administração. O elemento subjetivo do tipo é o dolo, que não se presume; basta o dolo genérico.

Não há forma culposa. Como objeto material do crime, temos o documento, que materializa a permissão para dirigir veículo automotor, ou a CNH, cuja entrega foi determinada em sentença condenatória. O tipo objetivo é a conduta do indivíduo, comportamento negativo do ser humano. O crime consuma-se no exato momento em que o agente se põe a conduzir veículo automotor, contrariando uma decisão judicial ou administrativa anteriormente imposta.

Em relação à conduta tipificada no parágrafo único do art. 307 do CTB, a consumação se verificará com a simples omissão quanto ao dever de entregar, por força de decisão judicial, no prazo estabelecido no parágrafo 1º do art. 293 do CTB, a PPD ou a CNH.

É incabível a composição civil visando à extinção da punibilidade, pois se trata de crime de ação penal pública incondicionada, conforme previsão legal do art. 74, parágrafo único, da Lei n. 9.099/1995.

A transação penal é cabível nos termos do art. 76 da Lei n. 9.099/1995, pois se trata de infração penal de pequeno potencial ofensivo. Sobre isso, sugerimos a consulta ao art. 61 da mesma lei.

É possível a suspensão condicional do processo, já que a pena mínima cominada não é superior a um ano, conforme previsão do art. 89 da Lei n. 9.099/1995.

Nesse caso, inexiste procedimento especial tipificado no CTB. Segue-se o procedimento comum, sumaríssimo, previsto para as infrações penais de menor potencial ofensivo, segundo os arts. 77 e seguintes da Lei n. 9.099/1995, em razão do disposto no art. 291, *caput*, do CTB, combinado com o art. 61 da Lei n. 9.099/1995 e com o art. 394, § 1º, do Código Penal, pois a pena máxima cominada não é superior a dois anos. O infrator sofrerá penalidade de detenção de seis meses a um ano, e multa, com nova imposição adicional de idêntico prazo de suspensão ou de proibição.

As circunstâncias agravantes estão disciplinadas no art. 298 do CTB:

> Art. 298. São circunstâncias que sempre agravam as penalidades dos crimes de trânsito ter o condutor do veículo cometido a infração:
>
> I – com dano potencial para duas ou mais pessoas ou com grande risco de grave dano patrimonial a terceiros;
> II – utilizando o veículo sem placas, com placas falsas ou adulteradas;
> III – sem possuir Permissão para Dirigir ou Carteira de Habilitação;
> IV – com Permissão para Dirigir ou Carteira de Habilitação de categoria diferente da do veículo;
> V – quando a sua profissão ou atividade exigir cuidados especiais com o transporte de passageiros ou de carga;
> VI – utilizando veículo em que tenham sido adulterados equipamentos ou características que afetem a sua segurança ou o seu funcionamento de acordo com os limites de velocidade prescritos nas especificações do fabricante;
> VII – sobre faixa de trânsito temporária ou permanentemente destinada a pedestres. (Brasil, 1997)

Ainda, temos os arts. de 292 a 296 do CTB, que tratam da suspensão ou proibição de se obter a PPD ou a CNH para dirigir veículo automotor.

> Art. 292. A suspensão ou a proibição de se obter a permissão ou a habilitação para dirigir veículo automotor pode ser imposta isolada ou cumulativamente com outras penalidades. (Redação Lei 12.971/2014)
>
> Art. 293. A penalidade de suspensão ou de proibição de se obter a permissão ou a habilitação, para dirigir veículo automotor, tem a duração de dois meses a cinco anos.
>
> § 1º Transitada em julgado a sentença condenatória, o réu será intimado a entregar à autoridade judiciária, em quarenta e oito horas, a Permissão para Dirigir ou a Carteira de Habilitação.
>
> § 2º A penalidade de suspensão ou de proibição de se obter a permissão ou a habilitação para dirigir veículo automotor não se inicia enquanto o sentenciado, por efeito de condenação penal, estiver recolhido a estabelecimento prisional.
>
> Art. 294. Em qualquer fase da investigação ou da ação penal, havendo necessidade para a garantia da ordem pública, poderá o juiz, como medida cautelar, de ofício, ou a requerimento do Ministério Público ou ainda mediante representação da autoridade policial, decretar, em decisão motivada, a suspensão da permissão ou da habilitação para dirigir veículo automotor, ou a proibição de sua obtenção.
>
> Parágrafo único. Da decisão que decretar a suspensão ou a medida cautelar, ou da que indeferir o requerimento

> do Ministério Público, caberá recurso em sentido estrito, sem efeito suspensivo.
>
> Art. 295. A suspensão para dirigir veículo automotor ou a proibição de se obter a permissão ou a habilitação será sempre comunicada pela autoridade judiciária ao Conselho Nacional de Trânsito – CONTRAN, e ao órgão de trânsito do Estado em que o indiciado ou réu for domiciliado ou residente.
>
> Art. 296. Se o réu for reincidente na prática de crime previsto neste Código, o juiz aplicará a penalidade de suspensão da permissão ou habilitação para dirigir veículo automotor, sem prejuízo das demais sanções penais cabíveis. (Redação Lei 11.705/2008) (Brasil, 1997)

O art. 294 do CTB aborda a suspensão ou proibição cautelar de se obter a permissão ou a habilitação para dirigir veículo automotor. A multa reparatória é estipulada no art. 297 do CTB.

O cumprimento da pena privativa de liberdade é possível em regime semiaberto ou aberto, a depender do que resultar da incidência das norteadoras dos arts. 33 e 59 do Código Penal. Observadas as regras do art. 44 do Código Penal, admite-se a substituição da pena privativa de liberdade por restritiva de direito.

5.8 *Participar de racha*

A condução de forma indevida sempre preocupou o legislador, por isso há a previsão expressa para coibir esse tipo de crime. Vejamos o teor do art. 308 do CTB:

> Art. 308. Participar, na direção de veículo automotor, em via pública, de corrida, disputa ou competição automobilística ou ainda de exibição ou demonstração de perícia

> em manobra de veículo automotor, não autorizada pela autoridade competente, gerando situação de risco à incolumidade pública ou privada: (Redação Lei 13.546/2017)
>
> Penas – detenção, de 6 (seis) meses a 3 (três) anos, multa e suspensão ou proibição de se obter a permissão ou a habilitação para dirigir veículo automotor. (Redação Lei 12.971/2014)
>
> § 1º Se da prática do crime previsto no caput resultar lesão corporal de natureza grave, e as circunstâncias demonstrarem que o agente não quis o resultado nem assumiu o risco de produzi-lo, a pena privativa de liberdade é de reclusão, de 3 (três) a 6 (seis) anos, sem prejuízo das outras penas previstas neste artigo. (Incluído Lei 12.97/2014)
>
> § 2º Se da prática do crime previsto no caput resultar morte, e as circunstâncias demonstrarem que o agente não quis o resultado nem assumiu o risco de produzi-lo, a pena privativa de liberdade é de reclusão de 5 (cinco) a 10 (dez) anos, sem prejuízo das outras penas previstas neste artigo. (Incluído Lei 12.971/2014) (Brasil, 1997)

É um crime comum, pois não exige qualidade específica do agente. É classificado como doloso, de concurso necessário ou plurissubjetivo, de perigo concreto. O objeto jurídico da tutela penal é a incolumidade pública.

A Lei n. 12.971/2014 estabeleceu requisitos para caracterização do crime, que corresponde ao fato de ser cometido na condução de veículo automotor, em via pública e colocando a prova de situação de risco à incolumidade pública e privada. Isso demonstra que, para ser enquadrada, a conduta deve ter gerado efetivamente uma situação de risco à sociedade.

O legislador estabeleceu pena tripla para esse caso, atribuindo a pena de detenção, multa e, ainda, a suspensão ou proibição de se obter a PPD ou a CNH. A título de curiosidade, encontramos o disposto no art. 306 do CTB.

O crime é penalizado com pena máxima de três anos, não sendo aplicável a competência do juizado especial criminal, conforme art. 61 da Lei n. 9.099/1995. Não é registrado por termo circunstanciado (TC), acarretando prisão em flagrante do autor se presentes os indícios de autoria e materialidade, de acordo com o art. 302 do Código de Processo Penal:

> Art. 302. Considera-se em flagrante delito quem:
> I – está cometendo a infração penal;
> II – acaba de cometê-la;
> III – é perseguido, logo após, pela autoridade, pelo ofendido ou por qualquer pessoa, em situação que faça presumir ser autor da infração;
> IV – é encontrado, logo depois, com instrumentos, armas, objetos ou papéis que façam presumir ser ele autor da infração. (Brasil, 1941b)

5.9 Dirigir sem a devida habilitação

É um crime previsto no art. 309 do CTB, a saber:

> Art. 309. Dirigir veículo automotor, em via pública, sem a devida Permissão para Dirigir ou Habilitação ou, ainda, se cassado o direito de dirigir, gerando perigo de dano:
>
> Penas – detenção, de seis meses a um ano, ou multa. (Brasil, 1997)

A descrição do art. 309 do CTB informa que é um crime de perigo concreto indeterminado, pois não exige a descrição do ameaçado. No entanto, se o condutor não for habilitado, mas estiver dirigindo sem gerar perigo de dano, o enquadramento correto será mera infração administrativa.

Para ser habilitado, o candidato deve cumprir uma série de requisitos apurados via exames, realizados por órgãos ou entidades executivos do local de domicílio do candidato. Para isso, exige-se que o candidato seja penalmente imputável, alfabetizado (saber ler e escrever) e civilmente identificado (ter documento que o identifique civilmente). Todas essas informações ficarão armazenadas no banco de dados do Registro Nacional de Condutores Habilitados (Renach), como preveem os arts. 140 e seguintes do CTB.

Os dispositivos seguintes do CTB detalham os exames necessários a que o candidato deve submeter-se, os quais variam conforme a categoria de habilitação pretendida. É uma lista exemplificativa, complementada com resoluções do Contran, que normatizam esse tema. Para um estudo mais aprofundado, indicamos a leitura dos arts. de 140 a 160 do CTB.

Como já mencionamos, o art. 309 do CTB trata da infração penal de dirigir sem a devida habilitação, gerando perigo de dano. É uma situação diferente da infração administrativa prevista no art. 162 do CTB. O art. 309 tem o diferencial do perigo de dano, e o art. 162 não se refere a esse fato.

O crime de dirigir sem a devida habilitação é um crime comum, do qual não se exige qualquer especificidade do agente, no âmbito doloso, eis que ele sabe que não pode conduzir veículo, pois, em tese, não tem habilitação para tal.

A tutela jurídica recai sobre a incolumidade pública, uma vez que qualquer pessoa pode ser atingida pelo condutor; envolve a segurança da coletividade.

Destacamos o termo *conduzir*, que se refere ao fato de iniciar a marcha do veículo, colocando-o em movimento, contexto necessário para que seja enquadrado no tipo penal. Pessoa inabilitada que se mantém dentro de veículo parado não pode ser autuada pelo referido artigo.

Outro detalhe importante é que o agente não deve ser habilitado ou a habilitação deve estar cassada, que é praticamente a mesma coisa. Não há de se falar em enquadramento no art. 309 do CTB para a pessoa que tem CNH ou PPD, mas não a está portando. Nesse caso, o enquadramento correto é do art. 232 do CTB, uma mera infração administrativa.

O condutor que tem CNH ou PPD de categoria diferente do veículo conduzido enquadra-se em crime tipificado, pois se equipara ao não habilitado. Caso a CNH esteja apenas suspensa, aplica-se a penalidade prevista no art. 307 do CTB.

Para caracterização desse crime, também é necessário que o veículo esteja transitando em via pública. Em via particular, ou de propriedade particular, não configura o crime do art. 309 do CTB.

É imprescindível também que o perigo concreto seja observado, sem o qual se desloca o enquadramento para simples infração administrativa. Não há tentativa: ou o agente produz os efeitos expressos no dispositivo ou não; se não produzir, aplica-se a infração administrativa; se produzir, enquadra-se no tipo penal.

É uma ação penal pública incondicionada e não cabe a composição civil, conforme o art. 74, parágrafo único, da Lei n. 9.099/1995:

> Art. 74. A composição dos danos civis será reduzida a escrito e, homologada pelo Juiz mediante sentença irrecorrível, terá eficácia de título a ser executado no juízo civil competente.
>
> Parágrafo único. Tratando-se de ação penal de iniciativa privada ou de ação penal pública condicionada à representação, o acordo homologado acarreta a renúncia ao direito de queixa ou representação. (Brasil, 1995)

A transação penal, no entanto, é possível, como disciplina o art. 76 da Lei n. 9.099/1995, combinado com o art. 291, *caput*, do CTB. Trata-se de uma infração de menor potencial ofensivo, segundo o art. 61 da Lei n. 9.099/1995:

> Art. 61. Consideram-se infrações penais de menor potencial ofensivo, para os efeitos desta Lei, as contravenções penais e os crimes a que a lei comine pena máxima não superior a 2 (dois) anos, cumulada ou não com multa. (Redação Lei 11.313/2006) (Brasil, 1995)

Esse artigo descreve as ações consideradas como crimes de menor potencial ofensivo. Se for pertinente e preencher os requisitos legais, será aplicado o instituto da transação penal, conforme previsão do art. 76 da Lei n. 9.099/1995 e do art. 291 do CTB, a saber:

> Art. 76. Havendo representação ou tratando-se de crime de ação penal pública incondicionada, não sendo caso de arquivamento, o Ministério Público poderá propor a aplicação imediata de pena restritiva de direitos ou multas, a ser especificada na proposta.
>
> § 1º Nas hipóteses de ser a pena de multa a única aplicável, o Juiz poderá reduzi-la até a metade.
>
> § 2º Não se admitirá a proposta se ficar comprovado:
>
> I – ter sido o autor da infração condenado, pela prática de crime, à pena privativa de liberdade, por sentença definitiva;
>
> II – ter sido o agente beneficiado anteriormente, no prazo de cinco anos, pela aplicação de pena restritiva ou multa, nos termos deste artigo;
>
> III – não indicarem os antecedentes, a conduta social e a personalidade do agente, bem como os motivos e as

circunstâncias, ser necessária e suficiente a adoção da medida.

§ 3º Aceita a proposta pelo autor da infração e seu defensor, será submetida à apreciação do Juiz.

§ 4º Acolhendo a proposta do Ministério Público aceita pelo autor da infração, o Juiz aplicará a pena restritiva de direitos ou multa, que não importará em reincidência, sendo registrada apenas para impedir novamente o mesmo benefício no prazo de cinco anos.

§ 5º Da sentença prevista no parágrafo anterior caberá a apelação referida no art. 82 desta Lei.

§ 6º A imposição da sanção de que trata o § 4º deste artigo não constará de certidão de antecedentes criminais, salvo para os fins previstos no mesmo dispositivo, e não terá efeitos civis, cabendo aos interessados propor ação cabível no juízo cível. (Brasil, 1995)

Art. 291. Aos crimes cometidos na direção de veículos automotores, previstos neste Código, aplicam-se as normas gerais do Código Penal e do Código de Processo Penal, se este Capítulo não dispuser de modo diverso, bem como a Lei 9.099, de 26 de setembro de 1995, no que couber.

§ 1º Aplica-se aos crimes de trânsito de lesão corporal culposa o disposto nos arts. 74, 76 e 88 da Lei no 9.099, de 26 de setembro de 1995, exceto se o agente estiver: (Renumerado do parágrafo único pela Lei 11.705/2008)

I – sob a influência de álcool ou qualquer outra substância psicoativa que determine dependência; (Incluído pela Lei 11.705/2008)

> II – participando, em via pública, de corrida, disputa ou competição automobilística, de exibição ou demonstração de perícia em manobra de veículo automotor, não autorizada pela autoridade competente; (Incluído Lei 11.705/2008)
> III – transitando em velocidade superior à máxima permitida para a via em 50 km/h (cinquenta quilômetros por hora). (Incluído Lei 11.705/2008)
>
> § 2º Nas hipóteses previstas no § 1º deste artigo, deverá ser instaurado inquérito policial para a investigação da infração penal. (Incluído Lei 11.705/2008)
>
> § 3º (VETADO). (Incluído Lei 13.546/2017)
>
> § 4º O juiz fixará a pena-base segundo as diretrizes previstas no art. 59 do Decreto-Lei 2.848/1940 (Código Penal), dando especial atenção à culpabilidade do agente e às circunstâncias e consequências do crime. (Incluído pela Lei 13.546/2017) (Brasil, 1997)

5.10 Permitir que pessoa não habilitada dirija

É um crime previsto no art. 310 do CTB, a saber:

> Art. 310. Permitir, confiar ou entregar a direção de veículo automotor a pessoa não habilitada, com habilitação cassada ou com o direito de dirigir suspenso, ou, ainda, a quem, por seu estado de saúde, física ou mental, ou por embriaguez, não esteja em condições de conduzi-lo com segurança:
>
> Penas – detenção, de seis meses a um ano, ou multa. (Brasil, 1997)

Trata-se de um crime de perigo abstrato. Exige-se o dolo para ser caracterizado. É necessária a análise do caso concreto e dos elementos subjetivos da conduta (sugerimos a consulta aos arts. 162, 163, 164 e 166 do CTB).

A primeira forma de classificar essa infração em *de trânsito* ou *penal* é a presença do dolo. É um crime comum, pois não exige qualidade específica do agente. Como apontamos anteriormente, é um crime doloso, em regra comissivo, ou seja, aquele em que a conduta tipificada requer uma atitude por parte do agente, podendo ser também comissivo por omissão. É um crime de perigo abstrato, pois, em tese, o condutor não terá condições plenas de manter a segurança na condução do veículo.

O legislador pretende proteger a incolumidade pública que envolve a segurança de todos os usuários, preservando a coletividade, que é o sujeito passivo do crime. Como o tipo penal exige uma atitude por parte do agente em agir dessa forma para que o crime se configure, não há forma culposa.

Exige-se também, para o enquadramento, que o agente condutor preencha os requisitos elencados no art. 310 do CTB e que ele esteja transitando em qualquer via, pública ou privada, pois o dispositivo não faz referência ao local. No entanto, essa falta de designação amplia a possibilidade de enquadramento legal, já que pode ser num ou noutro local. A possibilidade de crime tentado não existe, pois se exige que a condução seja efetiva para o devido enquadramento criminal e, como não há referência ao crime concreto, assume a existência de perigo abstrato para a tipificação. Para classificação dos crimes de perigo abstrato, não é preciso demonstrar que houve um efetivo risco ao bem tutelado.

No art. 162 do CTB, o legislador estabelece as penalidades para o condutor do veículo, a saber:

Art. 162. Dirigir veículo:

I – sem possuir Carteira Nacional de Habilitação, Permissão para Dirigir ou Autorização para Conduzir Ciclomotor: (Redação Lei 13.281/2016)

Infração – gravíssima; (Redação Lei 13.281/2016)

Penalidade – multa (três vezes); (Redação Lei 13.281/2016)

Medida administrativa – retenção do veículo até a apresentação de condutor habilitado; (Incluído Lei 13.281/2016)

II – com Carteira Nacional de Habilitação, Permissão para Dirigir ou Autorização para Conduzir Ciclomotor cassada ou com suspensão do direito de dirigir: (Redação Lei 13.281/2016)

Infração – gravíssima; (Redação Lei 13.281/2016)

Penalidade – multa (três vezes); (Redação Lei 13.281/2016)

Medida administrativa – recolhimento do documento de habilitação e retenção do veículo até a apresentação de condutor habilitado; (Incluído Lei 13.281/2016)

III – com Carteira Nacional de Habilitação ou Permissão para Dirigir de categoria diferente da do veículo que esteja conduzindo: (Redação Lei 13.281/2016)

Infração – gravíssima; (Redação Lei 13.281/2016)

Penalidade – multa (duas vezes); (Redação Lei 13.28/2016)

Medida administrativa – retenção do veículo até a apresentação de condutor habilitado; (Redação Lei 13.281/2016)

IV – (VETADO)

V – com validade da Carteira Nacional de Habilitação vencida há mais de trinta dias:

Infração – gravíssima;

> Penalidade – multa;
>
> Medida administrativa – recolhimento da Carteira Nacional de Habilitação e retenção do veículo até a apresentação de condutor habilitado;
>
> VI – sem usar lentes corretoras de visão, aparelho auxiliar de audição, de prótese física ou as adaptações do veículo impostas por ocasião da concessão ou da renovação da licença para conduzir:
>
> Infração – gravíssima;
>
> Penalidade – multa;
>
> Medida administrativa – retenção do veículo até o saneamento da irregularidade ou apresentação de condutor habilitado. (Brasil, 1997)

No art. 163 do CTB, as penalidades são as mesmas, mas o legislador optou por diferenciar o agente, estabelecendo as penas para quem entregar o veículo para o condutor nas condições elencadas. Nesse caso, o proprietário não está presente no ato infracional.

> Art. 163. Entregar a direção do veículo a pessoa nas condições previstas no artigo anterior:
>
> Infração – as mesmas previstas no artigo anterior;
>
> Penalidade – as mesmas previstas no artigo anterior;
>
> Medida administrativa – a mesma prevista no inciso III do artigo anterior. (Brasil, 1997)

Nos arts. 164 e 166 do CTB, a previsão é muito semelhante à dos artigos anteriores, mas com o diferencial da presença do proprietário, uma vez que este permite a condução por agente nas condições penais preestabelecidas. Exige-se a presença do proprietário do evento infracional.

> Art. 164. Permitir que pessoa nas condições referidas nos incisos do art. 162 tome posse do veículo automotor e passe a conduzi-lo na via:
>
> Infração – as mesmas previstas nos incisos do art. 162;
>
> Penalidade – as mesmas previstas no art. 162;
>
> Medida administrativa – a mesma prevista no inciso III do art. 162.
>
> [...]
>
> Art. 166. Confiar ou entregar a direção de veículo a pessoa que, mesmo habilitada, por seu estado físico ou psíquico, não estiver em condições de dirigi-lo com segurança:
>
> Infração – gravíssima;
>
> Penalidade – multa. (Brasil, 1997)

5.11 Trafegar acima da velocidade em locais expressamente proibidos por lei

Nesse caso, o legislador procura preservar determinados locais, justamente com o objetivo de impedir ou de, pelo menos, dificultar que graves acidentes aconteçam. Por isso, estabelece expressamente quais os locais em que, se a velocidade delimitada não for respeitada, será enquadrado como crime de trânsito. Vejamos o teor do art. 311 do CTB:

> Art. 311. Trafegar em velocidade incompatível com a segurança nas proximidades de escolas, hospitais, estações de embarque e desembarque de passageiros, logradouros estreitos, ou onde haja grande movimentação ou concentração de pessoas, gerando perigo de dano.

> Penas – detenção, de seis meses a um ano, ou multa. (Brasil, 1997)

Destacamos o termo *velocidade incompatível*, pois não há de se falar em verificação da velocidade empreendida, apenas que ela seja incompatível com a segurança do local específico. O próprio dispositivo expressamente exige a presença do perigo de dano. Vejamos o que estabelece o art. 132 do Código Penal:

> Art. 132. Expor a vida ou a saúde de outrem a perigo direto e iminente:
>
> Pena – detenção, de três meses a um ano, se o fato não constitui crime mais grave.
>
> Parágrafo único. A pena é aumentada de um sexto a um terço se a exposição da vida ou da saúde de outrem a perigo decorre do transporte de pessoas para a prestação de serviços em estabelecimentos de qualquer natureza, em desacordo com as normas legais. (Incluído Lei 9.777/1998) (Brasil, 1940)

Quanto à infração administrativa, o art. 218 do CTB assim disciplina:

> Art. 218. Transitar em velocidade superior à máxima permitida para o local, medida por instrumento ou equipamento hábil, em rodovias, vias de trânsito rápido, vias arteriais e demais vias: (Redação dada pela Lei nº 11.334, de 2006) (Vide ADI nº 3951)
>
> I – quando a velocidade for superior à máxima em até 20% (vinte por cento): (Redação Lei 11.334/2006)
>
> Infração – média; (Redação Lei 11.334/2006)
>
> Penalidade – multa; (Redação Lei 11.334/2006)

> II – quando a velocidade for superior à máxima em mais de 20% (vinte por cento) até 50% (cinquenta por cento): (Redação Lei 11.334/2006)
>
> Infração – grave; (Redação Lei 11.334/2006)
>
> Penalidade – multa; (Redação Lei 11.334/2006)
>
> III – quando a velocidade for superior à máxima em mais de 50% (cinqüenta por cento): (Incluído pela Lei nº 11.334, de 2006)
>
> Infração – gravíssima; (Redação dada pela Lei nº 14.071, de 2020)
>
> Penalidade – multa (três vezes) e suspensão do direito de dirigir. (Redação dada pela Lei nº 14.071, de 2020) (Vigência)

Além desse dispositivo, o art. 220 do CTB informa uma série de locais em que devem ser observadas condutas defensivas na direção de veículo automotor, a saber:

> Art. 220. Deixar de reduzir a velocidade do veículo de forma compatível com a segurança do trânsito:
>
> I – quando se aproximar de passeatas, aglomerações, cortejos, préstitos e desfiles:
>
> Infração – gravíssima;
>
> Penalidade – multa;
>
> II – nos locais onde o trânsito esteja sendo controlado pelo agente da autoridade de trânsito, mediante sinais sonoros ou gestos;
>
> III – ao aproximar-se da guia da calçada (meio-fio) ou acostamento;
>
> IV – ao aproximar-se de ou passar por interseção não sinalizada;

v – nas vias rurais cuja faixa de domínio não esteja cercada;

vi – nos trechos em curva de pequeno raio;

vii – ao aproximar-se de locais sinalizados com advertência de obras ou trabalhadores na pista;

viii – sob chuva, neblina, cerração ou ventos fortes;

ix – quando houver má visibilidade;

x – quando o pavimento se apresentar escorregadio, defeituoso ou avariado;

xi – à aproximação de animais na pista;

xii – em declive;

Infração – grave; (Incluído pela Lei nº 14.071, de 2020) (Vigência)

Penalidade – multa; (Incluído pela Lei nº 14.071, de 2020) (Vigência)

xiii – ao ultrapassar ciclista:

Infração – gravíssima; (Redação dada pela Lei nº 14.071, de 2020) (Vigência)

Penalidade – multa; (Redação dada pela Lei nº 14.071, de 2020) (Vigência)

xiv – nas proximidades de escolas, hospitais, estações de embarque e desembarque de passageiros ou onde haja intensa movimentação de pedestres:

Infração – gravíssima;

Penalidade – multa. (Brasil, 1997)

Trafegar acima da velocidade em locais expressamente proibidos por lei é um crime comum, vago, punível na forma dolosa. O objeto jurídico da tutela penal é a incolumidade pública. O sujeito ativo do artigo é qualquer pessoa habilitada ou não, proprietária ou não do veículo conduzido com velocidade incompatível com a segurança nas proximidades de qualquer dos locais indicados. Não se exige qualquer qualidade especial do agente.

Basta a efetiva exposição da comunidade ao perigo concreto, pela conduta do agente trafegando em velocidade incompatível com a segurança nos locais elencados no art. 311 do CTB.

Como sujeito passivo, temos a coletividade. O elemento subjetivo do tipo é o dolo – lembramos que este não se presume e que não há a previsão culposa desse delito. O objeto material é o veículo automotor ao qual se imprimiu velocidade incompatível com a segurança dos locais indicados no tipo, gerando perigo concreto.

Instaura-se por intermédio de ação penal pública incondicional, portanto não há de se falar em composição civil para extinção da punibilidade. É possível a transação penal conforme determinação legal do art. 76 da Lei n. 9.099/1995, pois se trata de uma infração penal de menor potencial ofensivo.

Também se pode aplicar a suspensão condicional do processo, já que a pena mínima cominada para esse caso é inferior a um ano, atendendo aos requisitos do art. 89 da Lei n. 9.099/1995.

Caso seja instaurado procedimento processual, o rito será o sumaríssimo, previsto na Lei n. 9.099/1995, possibilidade esta prevista em consonância com o art. 291, *caput*, do CTB, combinado com o art. 61 da Lei n. 9.099/1995 e com o art. 394, parágrafo 1º, inciso III, do Código de Processo Penal, eis que a pena máxima não é superior a dois anos.

Vejamos, primeiramente, o art. 291 do CTB:

> Art. 291. Aos crimes cometidos na direção de veículos automotores, previstos neste Código, aplicam-se as normas gerais do Código Penal e do Código de Processo Penal, se este Capítulo não dispuser de modo diverso, bem como a Lei nº 9.099, de 26 de setembro de 1995, no que couber.
>
> [...] (Brasil, 1997)

Agora, temos o art. 61 da Lei n. 9.099/1995:

> Art. 61. Consideram-se infrações penais de menor potencial ofensivo, para os efeitos desta Lei, as contravenções penais e os crimes a que a lei comine pena máxima não superior a 2 (dois) anos, cumulada ou não com multa. (Redação Lei 11.313/2006) (Brasil, 1995)

Por fim, vejamos o art. 394, parágrafo 1º, inciso III, do Código de Processo Penal:

> Art. 394. O procedimento será comum ou especial. (Redação Lei 11.719/2008)
>
> § 1º O procedimento comum será ordinário, sumário ou sumaríssimo: (Incluído Lei 11.719/2008)
>
> [...]
>
> III – sumaríssimo, para as infrações penais de menor potencial ofensivo, na forma da lei. (Incluído Lei 11.719/2008)
>
> [...] (Brasil, 1941b)

5.12 Inovar local de acidente para induzir a erro perito

Para que esse crime seja consumado, basta a simples inovação, independentemente de peritos, juízes da causa ou agentes de trânsito serem enganados ou não.

É classificado como crime formal e está previsto no art. 312 do CTB:

> Art. 312. Inovar artificiosamente, em caso de acidente automobilístico com vítima, na pendência do respectivo procedimento policial preparatório, inquérito policial ou processo penal, o estado de lugar, de coisa ou de pessoa, a fim de induzir a erro o agente policial, o perito, ou juiz:
>
> Penas – detenção, de seis meses a um ano, ou multa.
>
> Parágrafo único. Aplica-se o disposto neste artigo, ainda que não iniciados, quando da inovação, o procedimento preparatório, o inquérito ou o processo aos quais se refere.
>
> [...] (Brasil, 1997)

É importante salientar que a preservação do local é imprescindível, salvo atitude necessária para salvar a vítima. Nesse caso, não se configura o crime previsto no art. 312 do CTB. Um exemplo é a retirada da vítima do local que está na iminência de pegar fogo.

É possível na forma tentada, eis que se a conduta de inovação for iniciada, mesmo que não produza o resultado pretendido, a não ser por razões alheias à vontade do agente. Logo, classifica-se na forma tentada e recebe a reprimenda criminal.

O legislador pretende incriminar o agente que, por meio de sua conduta, deseja fraudar processo investigatório, induzindo a erro os agentes responsáveis pela verificação, em acidente de trânsito que envolva veículo automotor com vítima. A intenção do legislador foi punir quem se envolve em acidente de trânsito e resolve modificar o local do acidente com o intuito de atrapalhar, dificultar ou induzir a erro os agentes públicos responsáveis pela averiguação do culpado.

A ação penal é pública incondicionada. Atribui-se a pena de detenção. Como a pena máxima é de um ano, é possível apresentar a transação penal, seguindo o rito da Lei n. 9.099/1995, pois se trata de um crime de menor potencial ofensivo.

O sujeito ativo é o agente, independentemente de estar envolvido no acidente ou não, desde que tenha o dolo de alterar o local do acidente, com o objetivo de confundir, induzir a erro o agente policial, o perito ou o juiz que vai julgar o caso. Alguns exemplos são: apagar marcas de frenagem, alterar posição de veículos após o sinistro, limpar vestígios que possam indicar dados sobre o acidente, retirar, mover ou alterar local onde o corpo da vítima se encontra, entre outras ações.

A infração administrativa correspondente a esse crime está expressa no art. 176 do CTB:

> Art. 176. Deixar o condutor envolvido em acidente com vítima:
>
> I – de prestar ou providenciar socorro à vítima, podendo fazê-lo;
>
> II – de adotar providências, podendo fazê-lo, no sentido de evitar perigo para o trânsito no local;
>
> III – de preservar o local, de forma a facilitar os trabalhos da polícia e da perícia;
>
> IV – de adotar providências para remover o veículo do local, quando determinadas por policial ou agente da autoridade de trânsito;
>
> V – de identificar-se ao policial e de lhe prestar informações necessárias à confecção do boletim de ocorrência:
>
> Infração – gravíssima;
>
> Penalidade –– multa (cinco vezes) e suspensão do direito de dirigir;
>
> Medida administrativa – recolhimento do documento de habilitação. (Brasil, 1997)

Sobre isso, vejamos os arts. 4º e 347 do Código Penal:

> Art. 4º Considera-se praticado o crime no momento da ação ou omissão, ainda que outro seja o momento do resultado. (Redação Lei 7.209/1984)

[...]

Art. 347. Inovar artificiosamente, na pendência de processo civil ou administrativo, o estado de lugar, de coisa ou de pessoa, com o fim de induzir a erro o juiz ou o perito:

Pena – detenção, de três meses a dois anos, e multa.

Parágrafo único. Se a inovação se destina a produzir efeito em processo penal, ainda que não iniciado, as penas aplicam-se em dobro. (Brasil, 1940)

Trata-se de fraude processual comum. No CTB, foi tipificada a fraude processual no âmbito do trânsito. A conduta deve ter o dolo de enganar agentes policiais, peritos ou juiz envolvidos no caso.

É classificado como crime comum, vago, doloso. O objeto jurídico da tutela penal é a administração da justiça. Como sujeito ativo, pode ser qualquer pessoa. Por ser crime comum, não exige qualquer qualidade especial do agente.

Como sujeito passivo, temos o Estado, e o elemento subjetivo do tipo é o dolo. A conformação típica reclama dolo específico, pois a conduta deve ter por escopo induzir a erro o agente policial, o perito ou o juiz.

Não há forma culposa. O objetivo material é a inovação artificiosa poder cair sobre lugar (local ou cena do crime), coisa (objeto relacionado com o crime) ou pessoa (vítima) que revele interesse para a persecução penal relacionada a acidente automobilístico com vítima.

A inovação refere-se à restauração, à inserção de algum item novo, à utilização de forma artificiosa de engenhosidade para confundir o agente. O tipo penal exige que a inovação artificiosa esteja relacionada a acidente automobilístico com vítima. Somente inovação apta a enganar é que configura o crime do art. 312 do CTB.

Como pressuposto do crime, é imprescindível que a inovação artificiosa esteja relacionada a acidente automobilístico com vítima.

Se do sinistro decorrem apenas danos materiais, resultará impossível a prática do crime em questão. A consumação efetiva-se com a inovação artificiosa, nos moldes do tipo penal, ainda que não se alcance a finalidade pretendida. É possível na forma tentada.

A ação penal é pública incondicionada. A composição civil visando à extinção da punibilidade não é possível. O crime é de ação penal pública incondicionada, segundo o art. 74, parágrafo único, da Lei n. 9.099/1995.

A transação penal é cabível nos termos do art. 76 da Lei n. 9.099/1995, cuidando-se de infração penal de pequeno potencial ofensivo, como prevê o art. 61 da Lei n. 9.099/1995.

A transação é o instituto despenalizador, pré-processual, que deve ser ofertada pelo Ministério Público antes mesmo do início da ação penal, durante a audiência prévia de conciliação. A suspensão condicional do processo é cabível, conforme o art. 89 da Lei n. 9.099/1995.

Os procedimentos são comuns, sumaríssimos, de acordo com os arts. 77 e seguintes da Lei n. 9.099/1995 e do art. 394, § 1º, do Código Penal, pois a pena máxima cominada é de dois anos.

Quanto à multa reparatória, vejamos o art. 297 do CTB:

> Art. 297. A penalidade de multa reparatória consiste no pagamento, mediante depósito judicial em favor da vítima, ou seus sucessores, de quantia calculada com base no disposto no § 1º do art. 49 do Código Penal, sempre que houver prejuízo material resultante do crime.
>
> § 1º A multa reparatória não poderá ser superior ao valor do prejuízo demonstrado no processo.
>
> § 2º Aplica-se à multa reparatória o disposto nos arts. 50 a 52 do Código Penal.
>
> § 3º Na indenização civil do dano, o valor da multa reparatória será descontado. (Brasil, 1997)

No regime de pena, admite-se o cumprimento da pena privativa de liberdade em regime aberto ou semiaberto, a depender do que resultar da incidência dos norteadores dos arts. 33 e 59 do Código Penal:

> Art. 33. A pena de reclusão deve ser cumprida em regime fechado, semiaberto ou aberto. A de detenção, em regime semiaberto, ou aberto, salvo necessidade de transferência a regime fechado. (Redação Lei 7.209/1984)
>
> § 1º Considera-se: (Redação Lei 7.209/1984)
>
> a) regime fechado a execução da pena em estabelecimento de segurança máxima ou média;
>
> b) regime semiaberto a execução da pena em colônia agrícola, industrial ou estabelecimento similar;
>
> c) regime aberto a execução da pena em casa de albergado ou estabelecimento adequado.
>
> 2º As penas privativas de liberdade deverão ser executadas em forma progressiva, segundo o mérito do condenado, observados os seguintes critérios e ressalvadas as hipóteses de transferência a regime mais rigoroso: (Redação Lei 7.209/1984)
>
> a) o condenado a pena superior a 8 (oito) anos deverá começar a cumpri-la em regime fechado;
>
> b) o condenado não reincidente, cuja pena seja superior a 4 (quatro) anos e não exceda a 8 (oito), poderá, desde o princípio, cumpri-la em regime semiaberto;
>
> c) o condenado não reincidente, cuja pena seja igual ou inferior a 4 (quatro) anos, poderá, desde o início, cumpri-la em regime aberto.
>
> § 3º A determinação do regime inicial de cumprimento da pena far-se-á com observância dos critérios previstos no art. 59 deste Código. (Redação Lei 7.209/1984)

> § 4.º O condenado por crime contra a administração pública terá a progressão de regime do cumprimento da pena condicionada à reparação do dano que causou, ou à devolução do produto do ilícito praticado, com os acréscimos legais. (Incluído Lei 10.763/2003)
>
> [...]
>
> Art. 59. O juiz, atendendo à culpabilidade, aos antecedentes, à conduta social, à personalidade do agente, aos motivos, às circunstâncias e consequências do crime, bem como ao comportamento da vítima, estabelecerá, conforme seja necessário e suficiente para reprovação e prevenção do crime: (Redação Lei 7.209/1984)
>
> I – as penas aplicáveis dentre as cominadas; (Redação Lei 7.209/1984)
> II – a quantidade de pena aplicável, dentro dos limites previstos; (Redação Lei 7.209/1984)
> III – o regime inicial de cumprimento da pena privativa de liberdade; (Redação Lei 7.209/1984)
> IV – a substituição da pena privativa da liberdade aplicada, por outra espécie de pena, se cabível. (Redação Lei 7.209/1984) (Brasil, 1940)

A pena é restritiva de direitos. Observadas as regras do art. 44 do Código Penal, admite-se a substituição da pena privativa de liberdade por restritiva de direitos:

> Art. 44. As penas restritivas de direitos são autônomas e substituem as privativas de liberdade, quando: (Redação Lei 9.714/1998)
>
> I – aplicada pena privativa de liberdade não superior a quatro anos e o crime não for cometido com violência ou grave ameaça à pessoa ou, qualquer que seja a pena aplicada, se o crime for culposo; (Redação Lei 9.714/1998)

II – o réu não for reincidente em crime doloso; (Redação Lei 9.714/1998)

III – a culpabilidade, os antecedentes, a conduta social e a personalidade do condenado, bem como os motivos e as circunstâncias indicarem que essa substituição seja suficiente. (Redação Lei 9.714/1998)

§ 1º (Vetado) (Incluído Lei 9.714/1998)

§ 2º Na condenação igual ou inferior a um ano, a substituição pode ser feita por multa ou por uma pena restritiva de direitos; se superior a um ano, a pena privativa de liberdade pode ser substituída por uma pena restritiva de direitos e multa ou por duas restritivas de direitos. (Incluído Lei 9.714/1998)

§ 3º Se o condenado for reincidente, o juiz poderá aplicar a substituição, desde que, em face de condenação anterior, a medida seja socialmente recomendável e a reincidência não se tenha operado em virtude da prática do mesmo crime. (Incluído Lei 9.714/1998)

§ 4º A pena restritiva de direitos converte-se em privativa de liberdade quando ocorrer o descumprimento injustificado da restrição imposta. No cálculo da pena privativa de liberdade a executar será deduzido o tempo cumprido da pena restritiva de direitos, respeitado o saldo mínimo de trinta dias de detenção ou reclusão. (Incluído Lei 9.714/1998)

§ 5º Sobrevindo condenação a pena privativa de liberdade, por outro crime, o juiz da execução penal decidirá sobre a conversão, podendo deixar de aplicá-la se for possível ao condenado cumprir a pena substitutiva anterior. (Incluído Lei 9.714/1998) (Brasil, 1940)

Esses foram os tipos penais elencados no CTB, nove ao todo.

No próximo capítulo, vamos tratar do cumprimento da pena pelo condenado nos crimes anteriormente relatados e da inserção do art. 312-A no CTB pela Lei n. 13.281/2016, a lei que mais alterações promoveu no CTB desde a sua promulgação.

> *Para saber mais*
>
> FARIA DIAS, G. A. et al. **Código de Trânsito Brasileiro anotado e codificado**. 2. ed. São Paulo: G. A. Faria Dias–ME, 2018.
>
> Recomendamos a leitura da segunda edição da obra indicada, atualizada até a Lei n. 13.614/2018 e a Resolução n. 730, de 6 de março de 2018, do Contran.
>
> MARCÃO, R. **Crimes de trânsito**. 4. ed. São Paulo: Saraiva, 2013.
>
> Essa obra traz anotações e interpretação jurisprudencial a respeito da parte criminal da Lei n. 9.503/1997 (CTB).

Síntese

Neste capítulo, tratamos de todas as sanções administrativas e penais aplicadas pelo CTB.

Abordamos também a definição dos crimes em espécie e as respectivas penas previstas no Código.

Questões para revisão

1. Ao condutor infrator, cabe o questionamento da autuação. Ele pode recorrer ao órgão notificador sem efetuar o pagamento da infração, sendo aplicado, assim, o efeito suspensivo da penalidade até o julgamento do recurso. Existem duas instâncias recursais no âmbito administrativo.

    O texto anterior é verdadeiro ou falso? Justifique sua resposta.

2. Relacione as sanções administrativas previstas pelo CTB.

3. A penalidade de advertência é uma possibilidade de substituição da multa propriamente dita e tem cunho mais pedagógico do que punitivo, desde que o agente cumpra alguns requisitos. Assinale a alternativa correta sobre esses requisitos:
   a. Aplica-se a advertência somente em caso de infrações leves.
   b. Aplica-se a advertência somente em caso de infrações médias.
   c. Aplica-se a advertência em casos de infrações leves ou médias, considerando os últimos 12 meses.
   d. Aplica-se a advertência em casos de infrações leves ou médias, considerando os últimos 24 meses.
   e. Aplica-se a advertência somente em caso de infrações graves.

4. Quais são as classificações das penalidades previstas no CTB?
   a. Infrações gravíssima, grave, média e leve.
   b. Infrações gravíssima, média, leve e advertência por escrito.
   c. Infrações gravíssima, grave, leve e advertência por escrito.
   d. Infrações gravíssima, média e leve.
   e. Infrações gravíssima, grave e leve.

5. Ao atingir determinado número de pontos na CNH, o condutor pode ter sua habilitação:
   a. suspensa por determinado período, até que cumpra o período de suspensão e faça o curso de reciclagem, por via administrativa.
   b. cassada por determinado período, até que cumpra o período de cassação e faça o curso de reciclagem, por via administrativa.

c. suspensa por decisão judicial, até que cumpra o período de suspensão e faça o curso de reciclagem.
d. cassada por decisão judicial, até que cumpra o período de cassação e faça o curso de reciclagem.
e. O condutor só vai receber nova multa por não ter indicado o agente infrator.

Questões para reflexão

1. Dirigir sob a influência de álcool ou de qualquer outra substância psicoativa que determine dependência, em qualquer quantidade, caracteriza crime? Justifique sua resposta.

2. A Lei n. 13.281/2016, que incluiu o art. 312-A ao CTB, trouxe possibilidades de cumprimento de pena para as situações em que o juiz aplicar a substituição de pena privativa de liberdade por pena restritiva de direitos. Quais são as opções oferecidas pelo julgador segundo a lei?

capítulo seis

Alterações da Lei n. 13.281/2016 no CTB

Conteúdos do capítulo

- Cumprimento das penas imputadas aos agentes que cometeram crimes na direção de veículo automotor.
- Inserção do art. 312-A no Código de Trânsito Brasileiro (CTB) pela Lei n. 13.281/2016.
- As alterações da Lei n. 13.546/2017, n. 13.614/2018, n. 14.071/2020, n. 14.157/2021 já foram inseridas no texto.

Após o estudo deste capítulo, você será capaz de:

1. entender a finalidade buscada pelo legislador ao atribuir locais específicos para cumprimento das penas em decorrência de acidentes de trânsito;
2. reconhecer que o princípio penalizador em consonância com o aspecto social e pedagógico será devidamente conquistado se o agente infrator vivenciar as mazelas decorrentes dos atos ilícitos praticados na condução de veículos automotores.

6.1 Cumprimento da pena em locais expressamente indicados por lei

A Lei n. 13.281, de 4 de maio de 2016 (Brasil, 2016), promoveu uma inovação ao estabelecer locais específicos para o cumprimento da pena, eis que o caráter é penalizante e pedagógico, já que o apenado observará situações desencadeadas por acidentes de trânsito, vivenciando todas as mazelas deles decorrentes. Somente com a conscientização dos danos causados é que o condenado poderá mudar seu comportamento.

Vejamos a previsão legal no art. 312-A do CTB, a saber:

> Art. 312-A. Para os crimes relacionados nos artigos 302 a 312 deste Código, nas situações em que o juiz aplicar a substituição de pena privativa de liberdade por pena restritiva de direitos, esta deverá ser de prestação de serviço à comunidade ou a entidades públicas, em uma das seguintes atividades: (Incluído Lei 13.281/2016)
>
> I – trabalho, aos fins de semana, em equipes de resgate dos corpos de bombeiros e em outras unidades móveis especializadas no atendimento a vítimas de trânsito; (Incluído Lei 13.281/2016)
>
> II – trabalho em unidades de pronto-socorro de hospitais da rede pública que recebem vítimas de acidente de trânsito e politraumatizados; (Incluído Lei 13.281/2016)
>
> III – trabalho em clínicas ou instituições especializadas na recuperação de acidentados de trânsito; (Incluído Lei 13.281/2016)
>
> IV – outras atividades relacionadas ao resgate, atendimento e recuperação de vítimas de acidentes de trânsito. (Incluído Lei 13.281/2016) (Brasil, 1997)

O princípio da individualização da pena está expresso no art. 5º, inciso XLVI, da Constituição Federal de 1988, nos seguintes termos: "a lei regulará a individualização da pena [...]" (Brasil, 1988).

O juiz tem o poder/dever de individualizar a penal, considerando as hipóteses previstas em lei para alterar a pena restritiva de liberdade pelas restritivas de direitos.

Lembramos que as penas restritivas de direitos estão previstas no art. 43 do Código Penal e podem ser: a perda de bens e valores, o pagamento de prestações pecuniárias; a prestação de serviços à comunidade, conforme determinação judicial; limitações sobre a frequência a determinados locais e em determinados horários; e a interdição temporária de alguns direitos.

O balizamento da aplicação das referidas penas está previsto no art. 44 do Código Penal, em substituição das privativas de liberdade, a saber:

> Art. 44. As penas restritivas de direitos são autônomas e substituem as privativas de liberdade, quando: (Redação Lei 9.714/1998)
>
> I – aplicada pena privativa de liberdade não superior a quatro anos e o crime não for cometido com violência ou grave ameaça à pessoa ou, qualquer que seja a pena aplicada, se o crime for culposo; (Redação Lei 9.714/1998)
>
> II – o réu não for reincidente em crime doloso; (Redação Lei 9.714/1998)
>
> III – a culpabilidade, os antecedentes, a conduta social e a personalidade do condenado, bem como os motivos e as circunstâncias indicarem que essa substituição seja suficiente. (Redação Lei 9.714/1998)
>
> § 1º (Vetado) (Incluído Lei 9.714/1998)
>
> § 2º Na condenação igual ou inferior a um ano, a substituição pode ser feita por multa ou por uma pena restritiva

de direitos; se superior a um ano, a pena privativa de liberdade pode ser substituída por uma pena restritiva de direitos e multa ou por duas restritivas de direitos. (Incluído Lei 9.714/1998)

§ 3º Se o condenado for reincidente, o juiz poderá aplicar a substituição, desde que, em face de condenação anterior, a medida seja socialmente recomendável e a reincidência não se tenha operado em virtude da prática do mesmo crime. (Incluído Lei 9.714/1998)

§ 4º A pena restritiva de direitos converte-se em privativa de liberdade quando ocorrer o descumprimento injustificado da restrição imposta. No cálculo da pena privativa de liberdade a executar será deduzido o tempo cumprido da pena restritiva de direitos, respeitado o saldo mínimo de trinta dias de detenção ou reclusão. (Incluído Lei 9.714/1998)

§ 5º Sobrevindo condenação a pena privativa de liberdade, por outro crime, o juiz da execução penal decidirá sobre a conversão, podendo deixar de aplicá-la se for possível ao condenado cumprir a pena substitutiva anterior. (Incluído Lei 9.714/1998)

O art. 2º da Lei 13.281/2016 acrescentou o atual art. 312-A do CTB e, em linhas gerais, determina que a pena restritiva de direito aplicada em substituição à privativa de liberdade seja sempre pena de prestação de serviço à comunidade ou a entidades públicas (Código Penal, art. 43, inciso IV) e fixa o tipo de atividade a ser desempenhada pelo condenado, o que inegavelmente restringe os contornos da individualização judicial.

A intenção do legislador é clara – fazer com que o apenado cumpra a reprimenda em permanente contato com pessoas acidentadas, vítimas do trânsito de modo a sensibilizá-lo com relação ao grave problema. Representa importante e valorosa inovação no Direito de

Trânsito, pois atinge o âmago do condenado para que sinta as reais consequências dos envolvidos nesse tipo de evento.

Ao prestar serviços à comunidade, nos locais previamente determinados por lei, e vivenciar as consequências das irresponsabilidades no trânsito, verificando quais as sequelas resultantes desse tipo de atitude, danos físicos, morais, psicológicos e todo transtorno sofrido pela família e seus parentes, o condenado repensará suas atitudes e, provavelmente, mudará seu comportamento no trânsito. Esse é o objetivo do legislador.

Na individualização da pena de prestação de serviços é imperioso que se observem as diretrizes apontadas (art. 5º da CF, XLVI, da CF, c/ o art. 46, § 3º do Código Penal).

O objetivo do legislador foi aproximar o condutor infrator da realidade fática de pessoas vítimas de acidente para promover uma conscientização de forma eficaz.

Para saber mais

ACIOLLI, S. M. I. **E agora Dra?** Questões de trânsito que você não tinha para quem perguntar. 2. ed. São Paulo: Clube de Autores, 2019.

Nessa obra, a autora responde às dúvidas sobre infrações e crimes de trânsito. Vale a pena a leitura!

BRASIL. Ações de segurança no trânsito: confira os dados por capital. **Portal do Ministério da Saúde**, 18 set. 2018. Disponível em: <https://www.saude.gov.br/noticias/agencia-saude/44398-acoes-de-seguranca-no-transito-confira-os-dados-por-capital>. Acesso em: 30 jul. 2020.

Nesse *link* do portal oficial do Ministério da Saúde, você pode consultar informações sobre ações de segurança no trânsito, com dados por capital.

BRASIL. **Portal do Ministério da Saúde**. Disponível em: <https://www.saude.gov.br/component/tags/tag/transito-acidentes>. Acesso em: 30 jul. 2020.

Acesse também esse endereço eletrônico do Ministério da Saúde e consulte informações estatísticas sobre trânsito e acidentes.

Síntese

Neste último capítulo, abordamos as alterações procedidas pela Lei n. 13.281/2016, apontada pela doutrina como a norma que mais alterou o CTB, pois incluiu, modificou e revogou dispositivos. Como exemplo, temos a inserção do art. 312-A no CTB.

Questões para revisão

1. A Lei n. 13.281/2016 estabeleceu locais específicos para o cumprimento da pena, com caráter é penalizante e pedagógico, já que o apenado observará situações desencadeadas por acidentes de trânsito, vivenciando todas as mazelas deles decorrentes.
O texto anterior é verdadeiro ou falso? Justifique sua resposta.

2. A Constituição Federal de 1988 prevê o princípio da individualização da pena, segundo o qual o julgador detém não só o poder, mas o dever, de acordo com os critérios legais, de fixar a pena. Em qual artigo da Constituição encontra-se estampado referido princípio?

3. Para os crimes relacionados nos arts. de 302 a 312 do CTB, nas situações em que o juiz aplicar a substituição de pena privativa de liberdade por pena restritiva de direitos, o art. 312-A do Código estabeleceu que essa pena deverá ser de prestação de serviço à comunidade ou a entidades públicas. Assinale a alternativa que atende aos preceitos do art. 312-A:
   a. Trabalho em dias de semana com equipes de resgate do Corpo de Bombeiros.
   b. Trabalho em entidades que não recebem vítimas de acidentes de trânsito.

c. Trabalho aos fins de semana com equipes de resgate do Corpo de Bombeiros, em entidades que recebem vítimas de acidente de trânsito e em clínicas especializadas na recuperação de acidentados.
   d. Ninguém será submetido a trabalho forçado determinado pelo juiz.
   e. Não se aplica essa determinação se a pessoa não tiver conhecimento da área de saúde.
4. Para a aplicação das penas restritivas de direitos em substituição das penas privativas de liberdade, alguns preceitos devem ser atendidos. Assinale a alternativa que contempla esses preceitos:
   a. As penas restritivas de direitos são dependentes das penas privativas de liberdade.
   b. Se o crime tiver pena superior a quatro anos, deve-se aplicar a pena restritiva de direitos.
   c. O réu reincidente pode ser beneficiado.
   d. A culpabilidade e os antecedentes são itens analisados para a aplicação das penas restritivas de direitos em detrimento das penas restritivas de liberdade.
   e. O réu primário não pode ser beneficiado pelas penas restritivas de direitos.
5. O art. 312-A do CTB foi inserido pela Lei n. 13.281/2016 e tem como escopo principal:
   a. fazer com que o apenado seja retirado da sociedade por determinado período.
   b. fazer com que o apenado pague pelo seu erro na mesma proporção do mal que causou.
   c. fazer com que o apenado tome consciência de seus atos criminais ao prestar serviços em estabelecimentos que atendem a vítimas de trânsito.

d. liberar o sistema carcerário de novos apenados.

e. fazer com que os apenados em crimes de trânsito não fiquem na cadeia.

Questões para reflexão

1. Em quais diplomas legais deve amparar-se o julgador para fins de individualização da pena?

2. Qual penalidade administrativa foi revogada pela Lei n. 13.281/2016?

Consultando a legislação

Decreto-Lei que instituiu o Código Penal, atualizado:
BRASIL. Decreto-Lei n. 2.848, de 7 de dezembro de 1940. Código Penal. **Diário Oficial da União**, Poder Executivo, Brasília, DF, 31 dez. 1940. Disponível em: <http://www.planalto.gov.br/ccivil_03/decreto-lei/del2848compilado.htm>. Acesso em: 30 jul. 2020.

Lei n. 9.503/1997, que instituiu o Código de Trânsito Brasileiro (CTB):
BRASIL. Lei n. 9.503, de 23 de setembro de 1997. Código de Trânsito Brasileiro. **Diário Oficial da União**, Poder Legislativo, Brasília, DF, 24 set. 1997. Disponível em: <http://www.planalto.gov.br/ccivil_03/leis/l9503.htm>. Acesso em: 30 jul. 2020.

Lei que altera o CTB e a Lei n. 13.146/2015:
BRASIL. Lei n. 13.281, de 4 de maio de 2016. **Diário Oficial da União**, Poder Executivo, Brasília, DF, 5 maio 2016. Disponível em: <http://www.planalto.gov.br/ccivil_03/_Ato2015-2018/2016/Lei/L13281.htm#art1>. Acesso em: 30 jul. 2020.

Lei que dispõe sobre juizados especiais cíveis e criminais, atualizada:
BRASIL. Lei n. 9.099, de 26 de setembro de 1995. **Diário Oficial da União**, Poder Legislativo, Brasília, DF, 27 set. 1995. Disponível em: <http://www.planalto.gov.br/ccivil_03/LEIS/L9099.htm>. Acesso em: 30 jul. 2020.

Resoluções consolidadas publicadas pelo Conselho Nacional de Trânsito (Contran):
BRASIL. Ministério da Infraestrutura. Denatran. **Resoluções – Contran**. 29 jun. 2020. Disponível em: <https://antigo.infraestrutura.gov.br/resolucoes-contran.html>. Acesso em: 30 jul. 2020.

Considerações finais

Neste livro, apresentamos a legislação específica pertinente ao CTB, os crimes de trânsito e um panorama das condutas que o legislador objetivou penalizar.

Para fixação do conteúdo apresentado, vejamos um quadro com os principais aspectos das penalidades previstas no CTB.

Quadro A – Penalidades previstas no CTB

Tipo de penalidade	Pena aplicada
Advertência	Deverá ser imposta a penalidade de advertência por escrito à infração de natureza leve ou média, passível de ser punida com multa, caso o infrator não tenha cometido nenhuma outra infração nos últimos 12 (doze) meses, conforme previsão contida no artigo 267, do CTB.
Multa	Conforme a classificação, atribui-se pontuação ao condutor, a saber: Gravíssima = 7 pontos = R$ 293,47 Grave = 5 pontos = R$ 195,47 Média = 4 pontos = R$ 130,16 Leve = 3 pontos = R$ 88,38 (Previsão legal do art. 259 do CTB)
Suspensão da CNH	Sempre que, conforme a pontuação prevista no art. 259 do CTB, o infrator atingir, no período de 12 (doze) meses, a seguinte contagem de pontos: (Redação dada pela Lei nº 14.071, de 2020) • 20 (vinte) pontos, caso constem 2 (duas) ou mais infrações gravíssimas na pontuação; • 30 (trinta) pontos, caso conste 1 (uma) infração gravíssima na pontuação; • 40 (quarenta) pontos, caso não conste nenhuma infração gravíssima na pontuação. (Previsão legal do artigo 261, do CTB)
Cassação da CNH	Se o condutor infringir pena de suspensão. Se for reincidente no prazo de 12 meses: arts. 162, III; 163; 164; 165; 173; 174; 175, todos do CTB. Por sentença condenatória judicial. (Previsão legal do art. 263 do CTB)

(continua)

(Quadro A – conclusão)

Tipo de penalidade	Pena aplicada
Curso de reciclagem	Se for infrator contumaz.
	Ao ter CNH ou PPD suspensa.
	Se causar acidente grave.
	Por condenação judicial.
	Condutor dirige forma arriscada.
	(Previsão legal do art. 268 do CTB)

Também evidenciamos que o proprietário será sempre o responsável pelas infrações cometidas em decorrência da conduta do motorista, salvo se:

+ efetuar a transferência do veículo e registrar no órgão de trânsito do domicílio do proprietário;
+ o condutor infrator indicar que estava na direção do veículo.

Dessa forma, o proprietário será excluído do cadastro do Registro Nacional de Veículos Automotores (Renavam) como infrator responsável, desde que o faça tempestivamente.

O quadro a seguir traz um resumo dos crimes de trânsito.

Quadro B – Crimes de trânsito segundo o CTB

ARTIGO DO CTB	PENALIDADE	OBSERVAÇÃO
Art. 302 – Homicídio culposo	Detenção de dois a quatro anos, além da suspensão ou proibição de se obter a CNH.	Agravante de um terço da penalidade se cometer o crime sem ter PPD ou CNH; sobre faixa de pedestre ou calçada; não prestar socorro; estiver no exercício de atividade remunerada.
		Penalidade de reclusão de cinco a oito anos, além da suspensão ou proibição de se obter a PPD ou CNH se cometer o crime sob influência de álcool ou substância psicoativa.

(continua)

(Quadro B – continuação)

ARTIGO DO CTB	PENALIDADE	OBSERVAÇÃO
Art. 303 – Lesão corporal culposa	Detenção de seis meses a dois anos, além da suspensão ou proibição de se obter a CNH.	Agravante de um terço da penalidade se cometer o crime sem ter PPD ou CNH; sobre faixa de pedestre ou calçada; não prestar socorro; estiver no exercício de atividade remunerada. Penalidade de reclusão de dois a cinco anos, além da suspensão ou proibição de se obter a PPD ou a CNH se cometer o crime sob influência de álcool ou substância psicoativa.
Art. 304 – Omissão de socorro	Detenção de seis meses a um ano, se não constituir elemento mais grave.	
Art. 305 – Afastar-se do local do acidente para fugir à responsabilidade	Detenção de seis meses a um ano, ou multa.	
Art. 306 – Conduzir veículo com capacidade psicomotora alterada	Detenção de seis meses a três anos, além da suspensão a proibição de obter a PPD ou CNH.	
Art. 307 – Violar a suspensão ou proibição de habilitação	Detenção de seis meses a um ano, além do agravamento de uma nova suspensão por igual período.	Após condenação, o réu tem 48 horas para entregar a PPD ou a CNH à autoridade competente (ver art. 293, parágrafo 1º, do CTB).

(Quadro B – conclusão)

ARTIGO DO CTB	PENALIDADE	OBSERVAÇÃO
Art. 308 – Participar de corrida, disputa, competição ou exibição de demonstração de perícia em manobra em via pública sem autorização de autoridade competente	Detenção de seis meses a três anos, além da suspensão ou proibição de se obter a PPD ou a CNH.	Se resultar em lesão corporal grave: pena de reclusão de três a seis anos. Se resultar em morte: pena de reclusão de cinco a dez anos.
Art. 309 – Dirigir veículo sem PPD ou CNH, ou se estiver cassada, gerando perigo de dano	Detenção de seis meses a um ano, ou multa.	Não há a necessidade de dano efetivo; o perigo de dano já caracteriza crime.
Art. 310 – Permitir, confiar ou entregar veículo para pessoa não habilitada, suspensa, cassada ou sem condições físicas, mentais ou sob influência de álcool	Detenção de seis meses a um ano, ou multa.	
Art. 311 – Trafegar com velocidade incompatível com a segurança nas proximidades de escolas, hospitais, estações de passageiros, logradouros estreitos, ou com aglomeração de pessoas, gerando perigo de dano	Detenção de seis meses a um ano, ou multa.	
Art. 312 – Inovar artificiosamente em caso de acidente com vítima a fim de induzir a erro agente policial, perito ou juiz	Detenção de seis meses a um ano.	Penalidade será aplicada mesmo antes de ser iniciado o procedimento.

Destacamos, ainda, que várias leis alteraram o CTB original, no entanto algumas merecem destaque, pois modificaram de forma significativa a legislação original.

Entre elas, temos a Lei n. 13.281/2016, que atualmente é a lei que mais alterações efetuou no CTB, e a Lei n. 13.546/2017, que atualizou a possibilidade de aplicação de novas regras, mudou os prazos mínimos de suspensão penal da habilitação e inseriu a possibilidade de aplicação de penas alternativas, tais como:

- trabalho aos finais de semana em equipes de resgate de vítimas de trânsito;
- trabalho em unidade de pronto-atendimento de emergência que recebe vítimas de trânsito e politraumatizados;
- trabalho em clínicas de recuperação de vítimas de trânsito;
- trabalho em outras atividades de resgate, atendimento e recuperação de vítimas de trânsito.

Para facilitar a consulta e a fixação do conteúdo apresentado, vejamos o quadro a seguir, com a relação dos crimes previstos no CTB, os artigos referenciais e a classificação com a pena prevista.

Quadro C – Crimes em espécie previstos no CTB

Tipo de crime	Classificação e pena prevista	Artigo do CTB
Homicídio	Culposo. Detenção de dois a quatro anos.	Art. 302
Lesão corporal	Culposa. Detenção de seis meses a dois anos.	Art. 303
Omissão de socorro	Detenção de seis meses a um ano.	Art. 304
Afastar-se do local para fugir à responsabilidade	Detenção de seis meses a um ano.	Art. 305
Embriaguez ao volante	Detenção de seis meses a três anos + multa + suspensão da CNH.	Art. 306

(continua)

(Quadro C – conclusão)

Tipo de crime	Classificação e pena prevista	Artigo do CTB
Conduzir veículo com capacidade psicomotora alterada	Detenção de seis meses a três anos + multa + suspensão da CNH.	Art. 307
Disputa de racha	Detenção de seis meses a três anos + multa + suspensão da CNH.	Art. 308
Dirigir sem a devida permissão	Detenção de seis meses a um ano.	Art. 309
Permitir que pessoa não habilitada dirija	Detenção de seis meses a um ano.	Art. 310
Trafegar em velocidade incompatível	Detenção de seis meses a um ano.	Art. 311
Inovar artificiosamente o local do acidente	Detenção de seis meses a um ano.	Art. 312

Portanto, podemos dizer que o legislador busca de forma incessante adequar a reprimenda legal ao comportamento atual dos condutores, eis que as normas não conseguem acompanhar a evolução da sociedade. No entanto, o tema trânsito afeta de tal maneira a comunidade que não resta alternativa salvo a aplicação de forma mais contundente das penalidades, em face dos altíssimos números de vítimas diárias dessa guerra sem fim.

Entendemos que somente a educação na mais tenra idade é que vai efetivamente surtir efeito nas futuras gerações. O enorme número de normas que regulamentam o trânsito brasileiro só complica a vida dos usuários e acaba deixando brechas para contestações judiciais ou trazendo dúvidas para os aplicadores do direito. A educação, essa sim é a solução!

Glossário*

Acostamento: "parte da via diferenciada da pista de rolamento destinada à parada ou estacionamento de veículos, em caso de emergência, e à circulação de pedestres e bicicletas, quando não houver local apropriado para esse fim."

Adin: Ação Direta de Inconstitucionalidade.

Agente da autoridade de trânsito: "pessoa, civil ou policial militar, credenciada pela autoridade de trânsito para o exercício das atividades de fiscalização, operação, policiamento ostensivo de trânsito ou patrulhamento."

Ar alveolar: "ar expirado pela boca de um indivíduo, originário dos alvéolos pulmonares. (Incluído pela Lei nº 12.760, de 2012)"

Automóvel: "veículo automotor destinado ao transporte de passageiros, com capacidade para até oito pessoas, exclusive o condutor."

Autoridade de trânsito: "dirigente máximo de órgão ou entidade executivo integrante do Sistema Nacional de Trânsito ou pessoa por ele expressamente credenciada."

Balanço traseiro: "distância entre o plano vertical passando pelos centros das rodas traseiras extremas e o ponto mais recuado do

✦ ✦ ✦

* As definições delimitadas com aspas foram extraídas do Código de Trânsito Brasileiro:
BRASIL. Lei n. 9.503, de 23 de setembro de 1997. Código de Trânsito Brasileiro. **Diário Oficial da União**, Poder Legislativo, Brasília, DF, 23 set. 1997. Disponível em: <http://www.planalto.gov.br/ccivil_03/leis/l9503.htm>. Acesso em: 30 jul. 2020.

veículo, considerando-se todos os elementos rigidamente fixados ao mesmo."

Bicicleta: "veículo de propulsão humana, dotado de duas rodas, não sendo [...] similar à motocicleta, motoneta e ciclomotor."

Bicicletário: "local, na via ou fora dela, destinado ao estacionamento de bicicletas."

Bonde: "veículo de propulsão elétrica que se move sobre trilhos."

Bordo da pista: "margem da pista, podendo ser demarcada por linhas longitudinais de bordo que delineiam a parte da via destinada à circulação de veículos."

Calçada: "parte da via, normalmente segregada e em nível diferente, não destinada à circulação de veículos, reservada ao trânsito de pedestres e, quando possível, à implantação de mobiliário urbano, sinalização, vegetação e outros fins."

Caminhão-trator: "veículo automotor destinado a tracionar ou arrastar outro."

Caminhonete: "veículo destinado ao transporte de carga com peso bruto total de até três mil e quinhentos quilogramas."

Camioneta: "veículo misto destinado ao transporte de passageiros e carga no mesmo compartimento."

Canteiro central: "obstáculo físico construído como separador de duas pistas de rolamento, eventualmente substituído por marcas viárias (canteiro fictício)."

Capacidade máxima de tração: "máximo peso que a unidade de tração é capaz de tracionar, indicado pelo fabricante, baseado em condições sobre suas limitações de geração e multiplicação de momento de força e resistência dos elementos que compõem a transmissão."

Carreata: "deslocamento em fila na via de veículos automotores em sinal de regozijo, de reivindicação, de protesto cívico ou de uma classe."

Carro de mão: "veículo de propulsão humana utilizado no transporte de pequenas cargas."

Carroça: "veículo de tração animal destinado ao transporte de carga."

Catadióptrico: "dispositivo de reflexão e refração da luz utilizado na sinalização de vias e veículos (olho-de-gato)."

Charrete: "veículo de tração animal destinado ao transporte de pessoas."

Ciclo: "veículo de pelo menos duas rodas a propulsão humana."

Ciclofaixa: "parte da pista de rolamento destinada à circulação exclusiva de ciclos, delimitada por sinalização específica."

Ciclomotor: "veículo de 2 (duas) ou 3 (três) rodas, provido de motor de combustão interna, cuja cilindrada não exceda a 50 cm3 (cinquenta centímetros cúbicos), equivalente a 3,05 pol3 (três polegadas cúbicas e cinco centésimos), ou de motor de propulsão elétrica com potência máxima de 4 kW (quatro quilowatts), e cuja velocidade máxima de fabricação não exceda a 50 Km/h (cinquenta quilômetros por hora). (Redação dada pela Lei nº 14.071, de 2020) (Vigência)."

Ciclovia: "pista própria destinada à circulação de ciclos, separada fisicamente do tráfego comum."

Conversão: "movimento em ângulo, à esquerda ou à direita, de mudança da direção original do veículo."

Cruzamento: "interseção de duas vias em nível."

Dispositivo de segurança: "qualquer elemento que tenha a função específica de proporcionar maior segurança ao usuário da via, alertando-o sobre situações de perigo que possam colocar em risco sua integridade física e dos demais usuários da via, ou danificar seriamente o veículo."

Estacionamento: "imobilização de veículos por tempo superior ao necessário para embarque ou desembarque de passageiros."

Estrada: "via rural não pavimentada."

Etilômetro: "aparelho destinado à medição do teor alcoólico no ar alveolar. (Incluído Lei 12.760/2012)"

Faixas de domínio: "superfície lindeira às vias rurais, delimitada por lei específica e sob responsabilidade do órgão ou entidade de trânsito competente com circunscrição sobre a via."

Faixas de trânsito: "qualquer uma das áreas longitudinais em que a pista pode ser subdividida, sinalizada ou não por marcas viárias longitudinais, que tenham uma largura suficiente para permitir a circulação de veículos automotores."

Fiscalização: "ato de controlar o cumprimento das normas estabelecidas na legislação de trânsito, por meio do poder de polícia administrativa de trânsito, no âmbito de circunscrição dos órgãos e entidades executivos de trânsito e de acordo com as competências definidas neste Código [no CTB]."

Foco de pedestres: "indicação luminosa de permissão ou impedimento de locomoção na faixa apropriada."

Fonaje: Fórum Permanente de Coordenadores de Juizados Especiais Cíveis e Criminais do Brasil.

Freio de estacionamento: "dispositivo destinado a manter o veículo imóvel na ausência do condutor ou, no caso de um reboque, se este se encontra desengatado."

Freio de segurança ou motor: "dispositivo destinado a diminuir a marcha do veículo no caso de falha do freio de serviço."

Freio de serviço: "dispositivo destinado a provocar a diminuição da marcha do veículo ou pará-lo."

Gestos de agentes: "movimentos convencionais de braço, adotados exclusivamente pelos agentes de autoridades de trânsito nas vias, para orientar, indicar o direito de passagem dos veículos ou pedestres ou emitir ordens, sobrepondo-se ou completando outra sinalização ou norma constante deste Código [do CTB]."

Gestos de condutores: "movimentos convencionais de braço, adotados exclusivamente pelos condutores, para orientar ou indicar que vão efetuar uma manobra de mudança de direção, redução brusca de velocidade ou parada."

Ilha: "obstáculo físico, colocado na pista de rolamento, destinado à ordenação dos fluxos de trânsito em uma interseção."

Infração: "inobservância a qualquer preceito da legislação de trânsito, às normas emanadas do Código de Trânsito, do Conselho Nacional de Trânsito e a regulamentação estabelecida pelo órgão ou entidade executiva do trânsito."

Interseção: "todo cruzamento em nível, entroncamento ou bifurcação, incluindo as áreas formadas por tais cruzamentos, entroncamentos ou bifurcações."

Interrupção de marcha: "imobilização do veículo para atender circunstância momentânea do trânsito."

Licenciamento: "procedimento anual, relativo a obrigações do proprietário de veículo, comprovado por meio de documento específico (Certificado de Licenciamento Anual)."

Logradouro público: "espaço livre destinado pela municipalidade à circulação, parada ou estacionamento de veículos, ou à circulação de pedestres, tais como calçada, parques, áreas de lazer, calçadões."

Lotação: "carga útil máxima, incluindo condutor e passageiros, que o veículo transporta, expressa em quilogramas para os veículos de carga, ou número de pessoas, para os veículos de passageiros."

Lote lindeiro: "aquele situado ao longo das vias urbanas ou rurais e que com elas se limita."

Luz alta: "facho de luz do veículo destinado a iluminar a via até uma grande distância do veículo."

Luz baixa: "facho de luz do veículo destinado a iluminar a via diante do veículo, sem ocasionar ofuscamento ou incômodo injustificáveis aos condutores e outros usuários da via que venham em sentido contrário."

Luz de freio: "luz do veículo destinada a indicar aos demais usuários da via, que se encontram atrás do veículo, que o condutor está aplicando o freio de serviço."

Luz indicadora de direção (pisca-pisca): "luz do veículo destinada a indicar aos demais usuários da via que o condutor tem o propósito de mudar de direção para a direita ou para a esquerda."

Luz de marcha à ré: "luz do veículo destinada a iluminar atrás do veículo e advertir aos demais usuários da via que o veículo está efetuando ou a ponto de efetuar uma manobra de marcha à ré."

Luz de neblina: "luz do veículo destinada a aumentar a iluminação da via em caso de neblina, chuva forte ou nuvens de pó."

Luz de posição (lanterna): "luz do veículo destinada a indicar a presença e a largura do veículo."

Manobra: "movimento executado pelo condutor para alterar a posição em que o veículo está no momento em relação à via."

Marcas viárias: "conjunto de sinais constituídos de linhas, marcações, símbolos ou legendas, em tipos e cores diversas, apostos ao pavimento da via."

Micro-ônibus: "veículo automotor de transporte coletivo com capacidade para até vinte passageiros."

Motocicleta: "veículo automotor de duas rodas, com ou sem side-car, dirigido por condutor em posição montada."

Motoneta: "veículo automotor de duas rodas, dirigido por condutor em posição sentada."

Motor-casa (*motor-home*): "veículo automotor cuja carroçaria seja fechada e destinada a alojamento, escritório, comércio ou finalidades análogas."

Noite: "período do dia compreendido entre o pôr do sol e o nascer do sol."

Ônibus: "veículo automotor de transporte coletivo com capacidade para mais de vinte passageiros, ainda que, em virtude de adaptações com vista à maior comodidade destes, transporte número menor."

Operação de carga e descarga: "imobilização do veículo, pelo tempo estritamente necessário ao carregamento ou descarregamento de animais ou carga, na forma disciplinada pelo órgão ou entidade executivo de trânsito competente com circunscrição sobre a via."

Operação de trânsito: "monitoramento técnico baseado nos conceitos de Engenharia de Tráfego, das condições de fluidez, de estacionamento e parada na via, de forma a reduzir as interferências tais como veículos quebrados, acidentados, estacionados irregularmente atrapalhando o trânsito, prestando socorros imediatos e informações aos pedestres e condutores."

Parada: "imobilização do veículo com a finalidade e pelo tempo estritamente necessário para efetuar embarque ou desembarque de passageiros."

Passagem de nível: "todo cruzamento de nível entre uma via e uma linha férrea ou trilho de bonde com pista própria."

Passagem por outro veículo: "movimento de passagem à frente de outro veículo que se desloca no mesmo sentido, em menor velocidade, mas em faixas distintas da via."

Passagem subterrânea: "obra de arte destinada à transposição de vias, em desnível subterrâneo, e ao uso de pedestres ou veículos."

Passarela: "obra de arte destinada à transposição de vias, em desnível aéreo, e ao uso de pedestres."

Passeio: "parte da calçada ou da pista de rolamento, neste último caso, separada por pintura ou elemento físico separador, livre de interferências, destinada à circulação exclusiva de pedestres e, excepcionalmente, de ciclistas."

Patrulhamento: "função exercida pela Polícia Rodoviária Federal com o objetivo de garantir obediência às normas de trânsito, assegurando a livre circulação e evitando acidentes."

Perímetro urbano: "limite entre área urbana e área rural."

Peso bruto total: "peso máximo que o veículo transmite ao pavimento, constituído da soma da tara mais a lotação."

Peso bruto total combinado: "peso máximo transmitido ao pavimento pela combinação de um caminhão-trator mais seu semirreboque ou do caminhão mais o seu reboque ou reboques."

Pisca-alerta: "luz intermitente do veículo, utilizada em caráter de advertência, destinada a indicar aos demais usuários da via que o veículo está imobilizado ou em situação de emergência."

Pista: "parte da via normalmente utilizada para a circulação de veículos, identificada por elementos separadores ou por diferença de nível em relação às calçadas, ilhas ou aos canteiros centrais."

Placas: "elementos colocados na posição vertical, fixados ao lado ou suspensos sobre a pista, transmitindo mensagens de caráter permanente e, eventualmente, variáveis, mediante símbolo ou legendas pré-reconhecidas e legalmente instituídas como sinais de trânsito."

Policiamento ostensivo de trânsito: "função exercida pelas Polícias Militares com o objetivo de prevenir e reprimir atos relacionados com a segurança pública e de garantir obediência às normas relativas à segurança de trânsito, assegurando a livre circulação e evitando acidentes."

Ponte: "obra de construção civil destinada a ligar margens opostas de uma superfície líquida qualquer."

Reboque: "veículo destinado a ser engatado atrás de um veículo automotor."

Regulamentação da via: "implantação de sinalização de regulamentação pelo órgão ou entidade competente com circunscrição sobre a via, definindo, entre outros, sentido de direção, tipo de estacionamento, horários e dias."

Refúgio: "parte da via, devidamente sinalizada e protegida, destinada ao uso de pedestres durante a travessia da mesma."

Renach: "Registro Nacional de Condutores Habilitados."

Renavam: "Registro Nacional de Veículos Automotores."

Retorno: "movimento de inversão total de sentido da direção original de veículos."

Rodovia: "via rural pavimentada."

Semirreboque: "veículo de um ou mais eixos que se apoia na sua unidade tratora ou é a ela ligado por meio de articulação."

Sinais de trânsito: "elementos de sinalização viária que se utilizam de placas, marcas viárias, equipamentos de controle luminosos, dispositivos auxiliares, apitos e gestos, destinados exclusivamente a ordenar ou dirigir o trânsito dos veículos e pedestres."

Sinalização: "conjunto de sinais de trânsito e dispositivos de segurança colocados na via pública com o objetivo de garantir sua utilização adequada, possibilitando melhor fluidez no trânsito e maior segurança dos veículos e pedestres que nela circulam."

Sons por apito: "sinais sonoros, emitidos exclusivamente pelos agentes da autoridade de trânsito nas vias, para orientar ou indicar o direito de passagem dos veículos ou pedestres, sobrepondo-se ou completando sinalização existente no local ou norma estabelecida neste Código [no CTB]."

Tara: "peso próprio do veículo, acrescido dos pesos da carroçaria e equipamento, do combustível, das ferramentas e acessórios, da roda sobressalente, do extintor de incêndio e do fluido de arrefecimento, expresso em quilogramas."

***Trailer*:** "reboque ou semirreboque tipo casa, com duas, quatro, ou seis rodas, acoplado ou adaptado à traseira de automóvel ou camionete, utilizado em geral em atividades turísticas como alojamento, ou para atividades comerciais."

Trânsito: "movimentação e imobilização de veículos, pessoas e animais nas vias terrestres."

Transposição de faixas: "passagem de um veículo de uma faixa demarcada para outra."

Trator: "veículo automotor construído para realizar trabalho agrícola, de construção e pavimentação e tracionar outros veículos e equipamentos."

Ultrapassagem: "movimento de passar à frente de outro veículo que se desloca no mesmo sentido, em menor velocidade e na mesma faixa de tráfego, necessitando sair e retornar à faixa de origem."

Utilitário: "veículo misto caracterizado pela versatilidade do seu uso, inclusive fora de estrada."

Veículo articulado: "combinação de veículos acoplados, sendo um deles automotor."

Veículo automotor: "todo veículo a motor de propulsão que circule por seus próprios meios, e que serve normalmente para o transporte viário de pessoas e coisas, ou para a tração viária de veículos utilizados para o transporte de pessoas e coisas. O termo compreende os veículos conectados a uma linha elétrica e que não circulam sobre trilhos (ônibus elétrico)."

Veículo de carga: "veículo destinado ao transporte de carga, podendo transportar dois passageiros, exclusive o condutor."

Veículo de coleção: "veículo fabricado há mais de 30 (trinta) anos, original ou modificado, que possui valor histórico próprio. Redação dada pela Lei nº 14.071, de 2020) (Vigência)."

Veículo conjugado: "combinação de veículos, sendo o primeiro um veículo automotor e os demais reboques ou equipamentos de trabalho agrícola, construção, terraplenagem ou pavimentação."

Veículo de grande porte: "veículo automotor destinado ao transporte de carga com peso bruto total máximo superior a dez mil quilogramas e de passageiros, superior a vinte passageiros."

Veículo de passageiros: "veículo destinado ao transporte de pessoas e suas bagagens."

Veículo misto: "veículo automotor destinado ao transporte simultâneo de carga e passageiro."

Via: "superfície por onde transitam veículos, pessoas e animais, compreendendo a pista, a calçada, o acostamento, ilha e canteiro central."

Via de trânsito rápido: "aquela caracterizada por acessos especiais com trânsito livre, sem interseções em nível, sem acessibilidade direta aos lotes lindeiros e sem travessia de pedestres em nível."

Via arterial: "aquela caracterizada por interseções em nível, geralmente controlada por semáforo, com acessibilidade aos lotes lindeiros e às vias secundárias e locais, possibilitando o trânsito entre as regiões da cidade."

Via coletora: "aquela destinada a coletar e distribuir o trânsito que tenha necessidade de entrar ou sair das vias de trânsito rápido ou arteriais, possibilitando o trânsito dentro das regiões da cidade."

Via local: "aquela caracterizada por interseções em nível não semaforizadas, destinada apenas ao acesso local ou a áreas restritas."

Via rural: "estradas e rodovias."

Via urbana: "ruas, avenidas, vielas, ou caminhos e similares abertos à circulação pública, situados na área urbana, caracterizados principalmente por possuírem imóveis edificados ao longo de sua extensão."

Vias e áreas de pedestres: "vias ou conjunto de vias destinadas à circulação prioritária de pedestres."

Viaduto: "obra de construção civil destinada a transpor uma depressão de terreno ou servir de passagem superior."

Referências

ACIOLLI, S. M. I. **E agora Dra?** Questões de trânsito que você não tinha para quem perguntar. 2. ed. São Paulo: Clube de Autores, 2019.

BITENCOURT, C. R. **Código Penal comentado**. 10. ed. São Paulo: Saraiva, 2019a.

BITENCOURT, C. R. **Manual de direito penal**: parte geral. 25. ed. São Paulo: Saraiva, 2019b. v. I.

BITENCOURT, C. R. **Tratado de direito penal**. 23. ed. São Paulo: Saraiva, 2017. v. I.

BRASIL. Constituição (1988). **Diário Oficial da União**, Brasília, DF, 5 out. 1988. Disponível em: <http://www.planalto.gov.br/ccivil_03/constituicao/constituicao.htm>. Acesso em: 30 jul. 2020.

BRASIL. Decreto-Lei n. 2.848, de 7 de dezembro de 1940. Código Penal. **Diário Oficial da União**, Rio de Janeiro, RJ, Poder Executivo, 31 dez. 1940. Disponível em: <http://www.planalto.gov.br/ccivil_03/decreto-lei/del2848compilado.htm>. Acesso em: 30 jul. 2020.

BRASIL. Decreto-Lei n. 2.994, de 28 de janeiro de 1941. **Diário Oficial da União**, Poder Legislativo, Brasília, DF, 30 jan. 1941a. Disponível em: <https://www2.camara.leg.br/legin/fed/declei/1940-1949/decreto-lei-2994-28-janeiro-1941-412976-norma-pe.html>. Acesso em: 30 jul. 2020.

BRASIL. Decreto-Lei n. 3.689, de 3 de outubro de 1941. Código de Processo Penal. **Diário Oficial da União**, Poder Executivo, Rio de Janeiro, RJ, 13 out. 1941b. Disponível em: <http://www.planalto.gov.br/ccivil_03/decreto-lei/del3689.htm>. Acesso em: 30 jul. 2020.

BRASIL. Decreto-Lei n. 5.452, de 1º de maio de 1943. **Diário Oficial da União**, Poder Executivo, Brasília, DF, 9 ago. 1943. Disponível em: <http://www.planalto.gov.br/ccivil_03/decreto-lei/del5452.htm>. Acesso em: 30 jul. 2020.

BRASIL. Lei n. 9.099, de 26 de setembro de 1995. **Diário Oficial da União**, Poder Legislativo, Brasília, DF, 27 set. 1995. Disponível em: <http://www.planalto.gov.br/ccivil_03/LEIS/L9099.htm>. Acesso em: 30 jul. 2020.

BRASIL. Lei n. 9.503, de 23 de setembro de 1997. Código de Trânsito Brasileiro. **Diário Oficial da União**, Poder Legislativo, Brasília, DF, 24 set. 1997. Disponível em: <http://www.planalto.gov.br/ccivil_03/leis/l9503.htm>. Acesso em: 30 jul. 2020.

BRASIL. Lei n. 11.705, de 19 de junho de 2008. Lei Seca. **Diário Oficial da União**, Brasília, Poder Executivo, DF, 20 jun. 2008. Disponível em: <http://www.planalto.gov.br/ccivil_03/_ato2007-2010/2008/lei/l11705.htm>. Acesso em: 30 jul. 2020.

BRASIL. Lei n. 12.760, de 20 de dezembro de 2012. **Diário Oficial da União**, Poder Legislativo, Brasília, DF, 21 dez. 2012. Disponível em: <http://www.planalto.gov.br/ccivil_03/_Ato2011-2014/2012/Lei/L12760.htm>. Acesso em: 30 jul. 2020.

BRASIL. Lei n. 12.971, de 9 de maio de 2014. **Diário Oficial da União**, Poder Legislativo, Brasília, DF, 12 maio 2014. Disponível em: <http://www.planalto.gov.br/ccivil_03/_ato2011-2014/2014/lei/l12971.htm>. Acesso em: 30 jul. 2020.

BRASIL. Lei n. 13.105, de 16 de março de 2015. Código de Processo Civil. **Diário Oficial da União**, Poder Legislativo, Brasília, DF, 17 mar. 2015. Disponível em: <http://www.planalto.gov.br/ccivil_03/_ato2015-2018/2015/lei/l13105.htm>. Acesso em: 30 jul. 2020.

BRASIL. Lei n. 13.281, de 4 de maio de 2016. **Diário Oficial da União**, Poder Executivo, Brasília, DF, 5 maio 2016. Disponível em: <http://www.planalto.gov.br/ccivil_03/_ato2015-2018/2016/Lei/L13281.htm>. Acesso em: 30 jul. 2020.

BRASIL. Lei n. 13.614, de 11 de janeiro de 2018. **Diário Oficial da União**, Poder Legislativo, Brasília, DF, 12 janeiro 2018. Disponível em: <http://www.planalto.gov.br/ccivil_03/_Ato2015-2018/2018/Lei/L13614.htm>. Acesso em: 30 jul. 2020.

BREGA FILHO, W. **Suspensão condicional da pena e suspensão condicional do processo**: eficácia de cada um dos institutos. Leme: JH Mizuno, 2006.

CAPEZ, F. **Curso de direito penal**: parte geral. 23. ed. São Paulo: Saraiva, 2019. v. I.

CONTRAN – Conselho Nacional de Trânsito. Resolução n. 168, de 14 de dezembro de 2004. **Diário Oficial da União**, Brasília, DF, 22 dez. 2004. Disponível em: <https://antigo.infraestrutura.gov.br/images/Resolucoes/RESOLUCAO_CONTRAN_168_04_COMPILADA.pdf>. Acesso em: 30 jul. 2020.

CONTRAN – Conselho Nacional de Trânsito. Resolução n. 292, de 29 de agosto de 2008. **Diário Oficial da União**, Brasília, DF, 29 ago. 2008. Disponível em: <https://antigo.infraestrutura.gov.br/images/Resolucoes/RESOLUCAO_CONTRAN_292.pdf>. Acesso em: 30 jul. 2020.

CONTRAN – Conselho Nacional de Trânsito. Resolução n. 432, de 23 de janeiro de 2013. **Diário Oficial da União**, Brasília, DF, 29 jan. 2013. Disponível em: <https://antigo.infraestrutura.gov.br/images/Resolucoes/(resolu%C3%A7%C3%A3o%20432.2013c).pdf>. Acesso em: 30 jul. 2020.

CONTRAN – Conselho Nacional de Trânsito. Resolução n. 789, de 18 de junho de 2020. **Diário Oficial da União**, Brasília, DF, 29 jan. 2013. Disponível em: <https://www.in.gov.br/web/dou/-/resolucao-n-789-de-18-de-junho-de-2020-263185648>. Acesso em: 14 ago. 2020.

DEMERCIAN, P. H.; MALULY, J. A. **Juizados especiais criminais:** comentários. Rio de Janeiro: Forense, 2008.

DIAS, G. A. F. **Manual Faria de trânsito:** as infrações de trânsito e suas consequências. 16. ed. São Paulo: G. A. Faria Dias, 2016.

FONAJE – Fórum Nacional de Juizados Especiais. **Enunciados.** Disponível em: <https://www.amb.com.br/fonaje/?p=32>. Acesso em: 30 jul. 2020.

FREITAS, E. C. de; PRODANOV, C. C. **Metodologia do trabalho científico:** métodos e técnicas da pesquisa e do trabalho acadêmico. 2. ed. Novo Hamburgo: Feevale, 2013.

GRECO, R. **Curso de direito penal:** parte geral. 19. ed. Niterói: Impetus, 2016.

HONORATO, C. **Sanções do código de trânsito brasileiro.** São Paulo: Milennium, 2004.

JESUS, D. de. **Crimes de trânsito:** anotações a parte criminal do código de trânsito (Lei 9.503, de 23 de setembro de 1997). 8. ed. São Paulo: Saraiva, 2009.

MARCÃO, R. **Crimes de trânsito:** anotações e interpretação jurisprudencial da parte criminal da Lei 9.503, de 23-9-1997. 6. ed. São Paulo: Saraiva, 2017.

MIRABETE, J. F. **Juizados especiais criminais.** São Paulo: Atlas, 2000.

NASCIMENTO, F. G. do. **Direito de trânsito.** São Paulo: Juarez de Oliveira, 1999.

NUCCI, G. de S. **Curso de direito penal:** parte geral – artigos 1º a 120 do Código Penal. Rio de Janeiro: Forense, 2017.

NUCCI, G. de S. **Manual de direito penal.** 16. ed. Rio de Janeiro: Forense, 2020.

SARDINHA, J. C. **Transporte rodoviário de cargas e produtos perigosos.** São Paulo: BH, 2009.

STJ – Superior Tribunal de Justiça. **Súmulas anotadas.** Brasília, jun. 2020. Disponível em: <https://scon.stj.jus.br/SCON/sumanot>. Acesso em: 14 out. 2021.

STF – Supremo Tribunal Federal. **Súmulas.** Disponível em: <http://portal.stf.jus.br/textos/verTexto.asp?servico=jurisprudenciaSumula>. Acesso em: 14 out. 2021a.

STF – Supremo Tribunal Federal. **Súmulas vinculantes.** Disponível em: <http://portal.stf.jus.br/textos/verTexto.asp?servico=jurisprudenciaSumulaVinculante>. Acesso em: 14 out. 2021b.

TOURINHO NETO, F. da C.; FIGUEIRA JR., J. D. **Juizados especiais cíveis e criminais:** comentários à Lei 9.099/1995. 8. ed. São Paulo: Revista dos Tribunais, 2017.

Respostas

Capítulo 1

Questões para revisão

1. A sentença é verdadeira, eis que, em tese, as sanções cíveis são mais brandas, pois envolvem pagamento de multas ou restrições de direitos, tais como suspensão do direito de dirigir ou, em casos mais graves, cassação da CNH. Quando a infração atinge a comunidade com danos e/ou lesões, a penalidade aplicada é mais rigorosa, já que sai da esfera cível e vai para a área penal, com penas de restrição de direitos cumuladas com restrição de liberdade.

2. O legislador expressamente relatou como crimes de trânsito a omissão de socorro (art. 304 do CTB), o afastamento voluntário de local de acidente (art. 305 do CTB), a entrega de veículo para pessoa que não tenha a habilitação (art. 310 do CTB) e a inovação artificiosa em local de acidente para induzir autoridade a erro (art. 312 do CTB).

3. c
Nos crimes de dano, exige-se uma depreciação efetiva do bem atingido; nos crimes de perigo, deve haver um risco de exposição a um bem tutelado. Os crimes de dano estão previstos no CTB nos arts. 302 e 303 na modalidade culposa, e os crimes de perigo, nos arts. de 304 a 312 na modalidade dolosa.

4. b
As normas que regem o trânsito no Brasil iniciam-se com a Carta Magna de 1988 (especificamente no art. 144); na sequência, temos as leis federais, os acordos e os tratados internacionais, estes recepcionados pelo CTB de 1997; por fim, temos a Lei do Juizado Especial. Lembramos que regulamentação da

Lei n. 9.099/1995 decorre da determinação expressa contida no art. 98, inciso I, da Constituição Federal de 1988. Aplica-se a Lei do Juizado Especial Criminal Estadual (Jecrim) aos crimes de trânsito cuja pena privativa de liberdade não seja superior a dois anos (crime de menor potencial ofensivo), desde que sejam respeitadas as normas de conexão e continência, conforme art. 60 da Lei n. 9.099/1995. No art. 61 dessa norma, podemos observar a definição de *crime de menor potencial ofensivo*: "Consideram-se infrações penais de menor potencial ofensivo, para os efeitos desta Lei, as contravenções penais e os crimes a que a lei comine pena máxima não superior a 2 (dois) anos, cumulada ou não com multa" (Brasil, 1995).

5. c

Para que seja caracterizada uma infração de trânsito, o agente deve deixar de cumprir uma norma legalmente prevista; já para a caracterização de crime de trânsito, o agente deve agir com dolo ou culpa na conduta delituosa.

Questões para reflexão

1. Já no preâmbulo da Constituição Federal de 1988, o legislador trata da segurança como princípio fundamental de observação obrigatória, também quanto à circulação de pessoas, veículos e animais em território nacional.

    Apenas como exemplo, em alguns momentos há menção expressa do termo *trânsito* na Carta Magna, como ocorre no art. 22, inciso XI (que versa acerca da competência exclusiva da União para legislar privativamente sobre trânsito), e no art. 23, inciso XII (que versa acerca da competência comum da União, dos estados, do Distrito Federal e dos municípios para estabelecer e implantar política de educação para a segurança do trânsito).

2. Tendo em vista a própria definição de dolo e culpa, quem pratica um crime com dolo manifesta intenção do objetivo ilícito; em geral, são crimes mais gravosos. No crime com culpa, o querer do agente é desconsiderado, pois, para se agir com culpa, basta que se dê causa ao resultado ilícito, agindo com negligência, imprudência ou imperícia. Portanto, o resultado ocorrido nunca foi desejado nem assumido pelo agente, mas se deu pela falta do dever objetivo de cuidado, pelo desacerto nos meios escolhidos pelo agente para atingir seu objetivo.

Capítulo 2

Questões para revisão

1. A sentença é verdadeira. A multa reparatória tem cunho indenizatório e natureza civil e é exigida pelo Poder Judiciário no âmbito penal. É uma espécie de antecipação do ressarcimento que será exigido ao final do processo, imposta pelo Poder Judiciário após o registro da reclamação da vítima de acidente de trânsito ou de seus familiares sucessores.

2. Sim, eis que a vítima de trânsito ou seus sucessores são os beneficiários dessa multa.
   A multa reparatória é imposta pelo Poder Judiciário após o registro da reclamação da vítima de acidente de trânsito ou de seus familiares sucessores. A diferença entre a multa reparatória e a multa administrativa reside no fato de a multa administrativa ter seu pagamento endereçado ao Estado, e a multa reparatória ter como destino a vítima ou seus sucessores. O limite de valor é o prejuízo que foi demonstrado no processo.

3. c
   As multas previstas no CTB são de três naturezas diferentes: administrativa, civil reparatória ou penal.

4. b
   A multa penal ou pecuniária pode ser aplicada de forma cumulada com a pena privativa de liberdade ou, ainda, de forma alternativa com a pena de prisão, conforme o art. 292 do CTB.

5. b
   De acordo com o art. 298 do CTB, são circunstâncias que sempre agravam as penalidades dos crimes de trânsito:
   1. ter o condutor cometido a infração com dano potencial para duas ou mais pessoas ou com grande risco de grave dano patrimonial a terceiros;
   2. ter o condutor cometido a infração utilizando veículo sem placas, com placas falsas ou com placas adulteradas;
   3. ter o condutor cometido a infração sem ter PPD ou CNH;
   4. ter o condutor cometido a infração com PPD ou CNH de categoria diferente da categoria do veículo;
   5. o condutor ter profissão ou atividade que exija cuidados especiais com o transporte de passageiros ou de carga;
   6. ter o condutor cometido a infração utilizando veículo em que tenham sido adulterados equipamentos ou características que afetem sua segurança ou seu funcionamento de acordo com os limites de velocidade prescritos nas especificações do fabricante;
   7. ter o condutor cometido a infração sobre faixa de trânsito temporária ou permanente destinada a pedestres.

Questões para reflexão

1. Tendo em vista que a multa reparatória tem como destinatário a vítima ou seus sucessores, pode o leitor chegar à conclusão de que esta efetivamente oferece ao ofendido uma reparação.
   Já a multa administrativa é revertida ao Estado, atendendo ao bem comum. Em reflexão diversa, é possível entender que, por esse motivo, a multa administrativa cumpre melhor a função social, uma vez que a multa reparatória limita-se à esfera individual do ofendido.

2. O art. 298 do CTB expressamente prevê, no inciso V, circunstância agravante quando o condutor do veículo praticar crime de trânsito e exercer uma profissão ou atividade que lhe exija cuidados especiais com o transporte de passageiros ou de carga.

Capítulo 3

Questões para revisão

1. A sentença é verdadeira. Conforme previsão legal da Lei n. 7.209/1984, a pena privativa de liberdade deve iniciar em regime fechado, depois pode ser estabelecida em regime semiaberto e, por fim, em regime aberto (art. 33, § 2º, do Código Penal).

2. Conforme previsão legal do art. 33, parágrafo 2º, do Código Penal, o regime de cumprimento de pena inicia-se do sistema mais rigoroso e vai progredindo. Essa progressão vai do regime fechado em estabelecimento de segurança máxima ou média; na sequência em regime semiaberto (sistema penal agrícola, industrial ou estabelecimento similar); e, por fim, no regime aberto (em casa de albergado ou estabelecimento similar).

3. d
   A Lei n. 7.209/1984 determinou que o condenado à pena superior a oito anos deve começar a cumpri-la em regime fechado. Lembramos que a determinação refere-se ao início do cumprimento da pena, eis que o condenado pode progredir de regime, conforme a determinação legal e o cumprimento dos requisitos.

4. d
   A pena de reclusão é uma espécie de pena privativa de liberdade. É a mais grave de todo o ordenamento e deve ser cumprida em regime fechado, semiaberto ou aberto, conforme art. 33, *caput*, do Código Penal, com a redação dada pela Lei n. 7.209/1984.

5. b

A aplicação dos benefícios do instituto da fiança, conforme previsão legal da Lei n. 12.403/2011, pode ser concedida desde que a pena privativa de liberdade máxima não seja superior a quatro anos.

Questões para reflexão

1. Nos termos do art. 33 do Código Penal, que versa acerca da reclusão e detenção, temos: no caso de reclusão, há expressamente menção ao cumprimento em regime fechado, semiaberto ou aberto; no caso da detenção, dispõe o cumprimento em regime semiaberto, ou aberto, ressalvando a lei quando houver necessidade de transferência a regime fechado.
   Tendo em vista que a liberdade, após a vida, é o bem maior do indivíduo, o cumprimento em regime prisional de segurança máxima ou média, ou seja, em regime fechado, é o mais gravoso ao apenado.

2. Visando primordialmente à manutenção da vida e da integridade física da vítima, o legislador oferece ao causador de acidente de trânsito, caso preste pronto e integral socorro, o benefício de não lhe ser imposta a prisão em flagrante e tampouco lhe ser exigida fiança (amparo legal: art. 5º, *caput*, da Constituição Federal de 1988; art. 1º, § 5º, e art. 269, § 1º, do CTB).

Capítulo 4

Questões para revisão

1. Conforme previsão do art. 18, inciso I, do Código Penal, caracteriza-se como crime doloso quando o agente quis o resultado ou assumiu o risco de produzi-lo.

2. Sim, é possível, visto que o agente, achando que cometeu o ilícito, pratica outro ato e, com esse segundo ato, configura o crime. Na verdade, trata-se de uma hipótese de engano quanto ao meio de execução, mas que termina por determinar o resultado visado. Por exemplo: um indivíduo, com o objetivo de matar seu desafeto, o atropela. Imaginando-o morto, livra-se do corpo atirando em um lago. No entanto, a morte ocorre em razão do afogamento, e não do atropelamento.

3. e

   A doutrina classifica vários tipos de dolo, entre eles:

1. dolo direto, quando a vontade do agente para atingir o resultado danoso é direcionada para a ação em si ou para o resultado;
2. dolo indireto, quando o agente prevê e até admite o resultado, mas não o almeja necessariamente. Pode apresentar-se como dolo alternativo ou dolo eventual.

4. d
As condutas ou os crimes culposos estão previstos no art. 18, parágrafo único, do Código Penal e se caracterizam por ações imprudentes, negligentes ou imperitas (texto incluído pela Lei n. 7.209/1984).

5. d
Os elementos que constituem um crime culposo são: condutas voluntárias, condutas omissivas (inércia) ou condutas comissivas (ação), além da inobservância do dever de cuidado, por meio de negligência, imprudência ou imperícia, fatores que fazem com que o resultado cause lesão a terceiros, independentemente da vontade do agente.

Questões para reflexão

1. Se considerarmos exemplos da doutrina (Bitencourt, 2019a, p. 118-119), teremos:
    - Imprudência: "Imprudente será, por exemplo, o motorista que, embriagado, viaja dirigindo seu veículo automotor, com visível diminuição de seus reflexos e acentuada liberação de seus freios inibitórios".
    - Negligência: "Negligência é a displicência no agir, a falta de precaução, a indiferença do agente, que, podendo adotar as cautelas necessárias, não o faz. É a imprevisão passiva, o desleixo, a inação (culpa *in ommittendo*). É não fazer o que deveria ser feito. Negligente será, por exemplo, o motorista de ônibus que trafegar com as portas do coletivo abertas, causando a queda e morte de um passageiro".
    - Imperícia: "Imperícia é a falta de capacidade, despreparo ou insuficiência de conhecimentos técnicos para o exercício de arte, profissão ou ofício. A inabilidade para o desempenho de determinada atividade fora do campo profissional ou técnico tem sido considerada na modalidade de culpa imprudente ou negligente, conforme o caso".

2. O caso de força maior não é previsível. Por sua vez, no caso fortuito, a imprevisibilidade retira do agente a capacidade de agir, pois ele é surpreendido pelo evento e não consegue dominar o veículo para evitar o acidente.

Capítulo 5

Questões para revisão

1. A sentença é verdadeira. Cabe ao condutor infrator o questionamento da autuação, e ele pode recorrer ao órgão notificador sem a necessidade de efetuar o pagamento da infração. O recurso tem efeito suspensivo. Existem duas instâncias recursais administrativas. A primeira é a Junta Administrativa de Recursos e Infrações (Jari). Caso o questionamento não seja deferido pela Jari, o condutor infrator pode recorrer ao Cetran de seu estado ou ao Contrandife. Com a decisão do Cetran ou do Contrandife, encerra-se o questionamento no âmbito administrativo.

2. As sanções previstas no ordenamento de trânsito vigente estão descritas no art. 256 do CTB: advertência por escrito; multa; suspensão da CNH; cassação da CNH; frequência obrigatória em curso de reciclagem.

3. c
   Aplica-se a penalidade de advertência em substituição à multa propriamente dita; é uma repreensão ao condutor, mas de cunho mais pedagógico do que punitivo, uma oportunidade para o condutor infrator que não cometeu infração semelhante nos últimos 12 meses de não ser penalizado pecuniariamente, desde que a infração cometida seja classificada como leve ou média.

4. a
   A classificação de gravidade de uma notificação é feita em quatro categorias, com os valores respectivos previstos no art. 258 do CTB:
   1. infração gravíssima: R$ 293,47 + 7 pontos na CNH;
   2. infração grave: R$ 195,23 + 5 pontos na CNH;
   3. infração média: R$ 130,16 + 4 pontos na CNH;
   4. infração leve: R$ 88,38 + 3 pontos na CNH.

5. a
   O inciso III do art. 256 do CTB prevê a penalidade de suspensão do direito de dirigir, que é a retirada da licença temporária para conduzir veículo. Aplica-se ao condutor que atingir 20 pontos na CNH e/ou que cometa infrações com previsão de suspensão direta, ou que se envolva em acidente de trânsito com decisão judicial de suspensão do direito de dirigir.

Questões para reflexão

1. Dirigir sob a influência de álcool ou de qualquer outra substância psicoativa que determine dependência somente caracteriza crime se o teste de etilômetro aferir valor superior a 0,33 mg/L. Caso o valor aferido seja igual ou inferior a 0,33 mg/L, o condutor infrator vai responder somente por infração administrativa, prevista no art. 165 do CTB, pois a quantidade aferida não configura crime de embriaguez.

2. As possibilidades constantes na lei são: trabalho aos finais de semana em equipes de resgate de vítimas de trânsito; trabalho em unidade de pronto-atendimento de emergência que recebe vítimas de trânsito e politraumatizados; trabalho em clínicas de recuperação de vítimas de trânsito; trabalho em outras atividades de resgate, atendimento e recuperação de vítimas de trânsito.

Capítulo 6

Questões para revisão

1. A sentença é verdadeira. A Lei n. 13.281/2016 promoveu uma inovação ao estabelecer locais específicos para o cumprimento da pena, já que o caráter é penalizante e pedagógico. Somente com a conscientização dos danos causados é que o condenado poderá mudar seu comportamento.

2. O princípio da individualização da pena está expresso no art. 5º, inciso XLVI, da Constituição Federal de 1988 e impõe ao julgador o poder/dever de individualizar a pena segundo as hipóteses previstas em lei, para alterar a pena restritiva de liberdade pelas penas restritivas de direitos. As penas restritivas de direitos estão previstas no art. 43 do Código Penal e podem ser: a perda de bens e valores, o pagamento de prestações pecuniárias; a prestação de serviços à comunidade, conforme determinação judicial; limitações sobre a frequência a determinados locais e em determinados horários; e a interdição temporária de alguns direitos.

3. c
   A Lei n. 13.281/2016 estabeleceu a obrigatoriedade de cumprimento da sentença em estabelecimentos específicos, elencados no art. 312-A do CTB, a saber:
   1. trabalho, aos fins de semana, em equipes de resgate do Corpo de Bombeiros e em outras unidades móveis especializadas no atendimento a vítimas de trânsito;

2. trabalho em unidades de pronto-socorro de hospitais da rede pública que recebem vítimas de acidente de trânsito e politraumatizados;
3. trabalho em clínicas ou instituições especializadas na recuperação de acidentados de trânsito;
4. trabalho com outras atividades relacionadas ao resgate, ao atendimento e à recuperação de vítimas de acidentes de trânsito.

4. d
A culpabilidade e os antecedentes são itens analisados para aplicação das penas restritivas de direitos em detrimento das restritivas de liberdade, pois aquelas são autônomas e substituem estas. Conforme a determinação da Lei n. 9.714/1998, a culpabilidade, os antecedentes, a conduta social e a personalidade do condenado, bem como os motivos e as circunstâncias, podem indicar se essa substituição é suficiente.

5. c
O art. 2º da Lei n. 13.281/2016 acrescentou o atual art. 312-A do CTB e tem como objetivo fazer com que o apenado tome consciência de seus atos criminais ao prestar serviços em estabelecimentos que atendem a vítimas de trânsito. Em linhas gerais, portanto, determina que a pena restritiva de direito seja aplicada em substituição à pena privativa de liberdade, por meio da prestação de serviço à comunidade ou a entidades públicas, com a fixação do tipo de atividade a ser desempenhada pelo condenado. A intenção do legislador é clara – fazer com que o apenado cumpra a repriminda em permanente contato com pessoas acidentadas e vítimas do trânsito, de modo a sensibilizá-lo com relação ao grave problema.

Questões para reflexão

1. Para a individualização da pena de prestação de serviços, o julgador deve observar as diretrizes apontadas no art. 5º, inciso XLVI, da Constituição Federal de 1988 e no art. 46, parágrafo 3º, do Código Penal.

2. A penalidade administrativa consistente na apreensão do veículo foi revogada pela Lei n. 13.281/2016.

Sobre as autoras

Sonia Mara Inglat Aciolli é advogada e jornalista. Graduada em Tecnologia de Processamento de Dados pela Escola Superior de Estudos Empresariais e Informática (ESEEI/1997) e em Direito pela Universidade Tuiuti do Paraná (UTP/2004). Especialista em Trânsito e Mobilidade Urbana pela Pontifícia Universidade Católica do Paraná (PUC/PR/2004), em Magistério Superior pelo Instituto Brasileiro de Pesquisa e Extensão (IBPEX/1999), em Cargas Perigosas também pela PUC/PR (2000) e em Direito do Trabalho pelo Instituto de Ensinos Sociais Universidade Rio Branco (IESDE/RJ/2006). Doutoranda em Ciências Jurídicas pela Universidad Del Museo Argentino (UMSA).

É apresentadora de programa de rádio e televisão sobre dicas de trânsito e professora de Direito Empresarial e Legislação de Trânsito em cursos preparatórios para concursos. Atuou na área de trânsito e direito do trabalho como conciliadora do juizado especial (2000-2008).

Odemyr Soraia Dill Pozo é advogada. De 2001 a 2003, atuou como pesquisadora de programa de iniciação científica (A uniformidade das normas comunitárias na União Europeia) da Universidade Tuiuti do Paraná (UTP).

Graduada em Direito pela UTP (2004). Especialista em Direito e Processo do Trabalho pela Universidade Castelo Branco (UCB/2007). Doutoranda em Ciências Jurídicas pela Universidad Del Museo Argentino (UMSA).

Tem experiência na área de direito do trabalho, direito civil e trânsito. É professora de Direito Processual Civil e Direito Processual do Trabalho em cursos preparatórios para concursos.

✦ ✦ ✦

Os papéis utilizados neste livro, certificados por instituições ambientais competentes, são recicláveis, provenientes de fontes renováveis e, portanto, um meio responsável e natural de informação e conhecimento.

FSC
www.fsc.org
MISTO
Papel produzido a partir de fontes responsáveis
FSC® C103535

Impressão: Reproset
Junho/2022